露营经济

营地的未来

井凉◎著

电子工业出版社

Publishing House of Electronics Industry

北京·BEIJING

图书在版编目（CIP）数据

露营经济：营地的未来 / 井凉著 . —北京：电子工业出版社，2023.9

ISBN 978-7-121-46263-4

Ⅰ.①露… Ⅱ.①井… Ⅲ.①野营（军事体育）–旅游业发展–研究–中国 Ⅳ.① F592.3

中国国家版本馆 CIP 数据核字（2023）第 167679 号

责任编辑：黄　菲　　文字编辑：刘　甜　　特约编辑：刘广钦
印　　刷：三河市鑫金马印装有限公司
装　　订：三河市鑫金马印装有限公司
出版发行：电子工业出版社
　　　　　北京市海淀区万寿路 173 信箱　　邮编：100036
开　　本：720×1000　1/16　印张：15.75　字数：234 千字
版　　次：2023 年 9 月第 1 版
印　　次：2023 年 9 月第 1 次印刷
定　　价：88.00 元

凡所购买电子工业出版社图书有缺损问题，请向购买书店调换。若书店售缺，请与本社发行部联系，联系及邮购电话：（010）88254888，88258888。

质量投诉请发邮件至 zlts@phei.com.cn，盗版侵权举报请发邮件至 dbqq@phei.com.cn。

本书咨询联系方式：1024004410（QQ）。

赞誉

"久在樊笼里，复得返自然。"与大自然的相处是人类与生俱来的需求，也是一种本能。随着中国人均 GDP 的不断提高，露营将成为家庭、年轻人等休闲时的主流生活方式。这本书是露营经济的开山之作，值得一读。

翟 佳

红杉资本中国基金董事总经理

露营逐渐成为城市居民的一种生活方式。人们把自己放逐在天地之间，接受自然带来的不确定性，消解了"996"和钢筋水泥带来的无力感。我很高兴看到有人可以深度调研和思考，并且开诚布公地分享，努力把这件事讲清楚。希望这本书可以让更多朋友关注并看清这个行业，有兴趣就加入，明天必然会更好！

蒋　文

小米战略投资部合伙人

一个行业的初期发展，是需要一些组织来引导正确方向的。这本书最大的价值是过滤了市面上的无用信息，更加真实地展现了营地行业的发展现状和未来趋势。

小马宋

小马宋战略营销咨询创始人

井凉敢说真话，用数据评估现状而不是随意拍脑门，正面阐述行业事实，用真实数据探究露营市场的现状。如果你想了解露营，从这本书开始是明智之选。

朱炜强

野外生存专家、探险家

井凉实地走访了 50 余家营地，深度访谈了 500 多位露营创业者。本书维度丰富，视角专业，是一本全面翔实的营地经营指南。

读懂这本书，也就读懂了营地行业的未来。

陆暾华

牧高笛户外用品股份有限公司董事长

这是一本贴近实战和接近事实真相的书，如果你下定决心或正在认真考虑是否要进入营地行业，书里所提到的事和人，都将是你未来大概率会遇到的。

沈爱翔

订单来了创始人

营地产业需要科学的精神、详细的数据、多维度的观察和不同的案例，这些都是需要耐心和恒心才能获取的。井凉以探索的方式，亲自下场，用科学精神去剖析营地，让这本书成为对营地感兴趣的创业者、投资者、观察者及用户值得用心阅读的"使用手册"，堪比100多年前托马斯·霍尔德写的《露营者手册》，在国内即使不是唯一，也算得上第一了。

李海波

星谷主理人、星系营地集团创始人

对比我所在的互联网行业，营地确实是个慢生意，但任何新趋势都是如此。在人们发现生活的真谛后，露营将成为一个有独特价值的大赛道。

倪 叔

知名新经济观察家、全网500万粉丝个人IP、抖音

@倪叔商论pro

精细化内容运营、品质化生活方式是文旅未来的发展方向，我们希望优质的露营行业图书可以越来越多。

吴 珊

携程集团文旅产业联盟负责人

营地作为一个全新的业态出现在公众视野，其中蕴含巨大的产业发展空间。井凉历时1年多，亲身体验并提炼了各家营地的特色，为想入局营地行业的伙伴们及产业相关部门提供了最佳参考指南。

张于来

在山野Glamping创始人

我一直在纠结，下一个 10 年，将时间筹码压在什么行业更值得呢？

过去 10 年，创业历经大风大浪，我曾经想过隐退江湖。2021 年，我在鹭岛学习木工，带娃在树上造了一栋 2 层小木屋，意犹未尽。2022 年，当我看到露营的生活方式走向大众的时候，我特别开心，心想这不就是我推崇的生活方式吗？

我是一个很愿意花时间进行创新的人，于是我一口气创建了近 50 个 51CAMP 营地（含筹建中）。有大到 700 亩的，也有不到 10 亩的；有从毛地创建的，也有收购的和投资的，大部分营地离杭州和广州约 1 小时车程。为了运营好这些营地，总部配置了 60 多人。

我们一边尝试标准化，一边研究营地个性化，挑战比我预期的要大很多，特别是郊区土地性质、产权和法律等方面存在诸多问题。每个假期，只要天气好，大部分营地都很火爆，一天进账大约几十万元，朋友都以为我们发财了。其实，把平时的空窗期算进来，赚来的钱很难覆盖总部成本。可能个体经营者会好很多，因为不涉及总部成本。

营地行业的现状是，周末收益很好，但总盈利规模很难提升，经营效率较低。从露营指数来看，未来露营的市场需求依然将快速持续增长。2023年我把更多的营地管理及运营工作交给了总经理。

虽然不到一年的时间，51CAMP积累了20多万名微信私域用户，但我正在为露营的终极模式做准备，我打算造一台让人眼前一亮的露营车——51CAMP露营车，这辆车准备卖18万元左右。快的话，2023年底就可以交付了。

入局汽车这个赛道后，我真的非常忙。有一个月，我跑了50家供应商，底盘车开了3000千米，最多一天跑了6个城市，但我很喜欢这件事情，每天累并快乐着。我期待未来身边体验露营生活方式的朋友越来越多。营地可以多，可以卷，大概率也是可以赚钱的，但露营装备应该是丰富多样的，就像衣服一样，我们永远少一件露营装备。在有了露营车以后，我们的生活方式会发生质的变化。

51CAMP 是什么？我现在也没想好，我不希望它只是一个露营地。51CAMP 更应该代表新潮的露营生活方式，给人们的生活带来一些新的空间，也可以说是第三空间。它可以是办公室，可以是家，也可以是两者之外的一个空间。人们沉浸其中，感受露营文化带来的美学和创造性。

我们和朋友、亲人、自然的关系会被重新定义。一个健康的生活方式是不求高端，不求奢侈，因此不用刻意。

从商业模式上看，个体营地门槛很低，适合初级创业者；连锁营地门槛很高，总部成本很难覆盖，必须扩大规模。虽然营地经营受天气的影响较大，盈利模式肯定不能算最好的，但是也容易盈利，只要控制好成本，做好服务和内容就可以。

营地作为露营生活的载体，种类越丰富越好。大家在周末放松时可以感受露营的魅力，产生更多需求，从而形成露营的习惯。我老婆和孩子每周都问我周末打算去哪里玩。虽然我很累，时间也不够，但是我十分乐意回答这个问题。

我很期待这本书的出版。一个准备扎根行业 10 年的人必须经常问自己，这个行业的未来、业务的未来，以及业务背后的本质是什么，不能每天沉浸于现象级事件中。我希望露营行业的从业者都能认真读完这本书，并且经常思考这个问题。我希望大家都能从书中得到启发，在自己的业务领域创造新的突破，让身边的人爱上露营，直到上瘾。

51CAMP创始人　孙海涛

推荐序二

PREFACE

2

很高兴以这样的方式和你见面，这是一个在新冠疫情（下文简称"疫情"）之下，一群了不起的年轻人开启了全新的露营时代的故事。

他们有一双善于发现用户需求的大眼睛，有一颗为用户在户外空间持续创造价值的心，也有努力成长的勇气。

这群年轻人推动了大平台：小红书、携程、美团、大众点评、抖音的露营板块建设，为行业爆发打好了流量侧的基础。

同时，他们积极和政府沟通，积极参与露营法案的出台，跟着国家战略，做出了贡献。在乡村振兴方面，他们以低成本、更灵活的露营项目丰富乡村业态，增加文旅收入，创造就业机会。在城市更新方面，他们盘活大量闲置户外空间，提供丰富的户外产品，满足人们低成本亲近自然的需求。在全民健身方面，他们通过户外空间的运营，吸引更多的人走进自然，使得户外运动变得精致、安全、时尚。

短短 3 年时间，这群了不起的年轻人一直坚守为用户带来极致的户外体验这个信念。我们相信，人回归自然是长期的需求，这是一个值得我们持续奋斗的事业。我们也会把这种美好的生活方式持续传达出去，影响更多的人。

井凉客观了解各类户外从业者的经历，理性分析行业的走向，以利他的价值观坚持为行业做贡献。他细心聆听创业者的故事，分享拿到结果的案例，帮助从业者及想参与户外行业的创业者，让大家少走弯路。

一个新兴的行业，市场空间巨大，需要各环节一起努力，希望每个户外人能战战兢兢、如履薄冰地做好自己的产品。你永远不是自己在战斗，你的身边会有像井凉这样的朋友陪着你，你可以放手创造价值。

这是最好的时代，这将是一场户外供给侧的革命。打造符合当下审美的极具传播力的产品，让户外体验重新回到年轻人的视野。从露营到户外，户外空间有了更多的可能性。

我们在做从未有人做过的事情，我们在改变世界。再次为你能来阅读我们的故事而高兴，也许在不久的将来，你也会变成了不起的人。

大热荒野创始人兼CEO　朱显

推荐序三

PREFACE

3

　　这是一本露营行业的编年史，讲述露营行业多位主理人的创业故事。

　　当今社会生活节奏飞快，人们越来越渴望回归自然，在山林间寻找属于自己的慢生活。露营因其原生态的体验吸引了越来越多的人，成为文旅产业中增长最快的板块之一。

　　在这个新兴且快速发展的行业中，从业者大多摸着石头过河，没有人敢说自己走的路一定是对的。井凉的团队就像战地记者一样，深入各个战场的一线获取最新的情报，这些信息其实大多数从业者都讳莫如深。一开始我也惊讶于井凉竟能找到从业者赚钱的秘密，后来我有幸参与本书的访谈，并分享了一些对于露营行业的看法，我才发现只有越来越多的人参与其中，把蛋糕做大，才能让露营行业不只是一时的风口。闭门造不出车，多多交流，互相切磋才是良性竞争，才能形成一个真正的产业集群，创造更大的价值。

本书描述的都是露营行业的一线主理人的故事，不只是走在这个行业的第一线，更是正在这个行业创造里程碑的人。有些人的营地已经从十几家增长到了几十家，正在朝100家以上迈进；有些人的营地投入超过2000万元，营收破千万元。

当下，露营行业是没有"天花板"的，每一次尝试都在开创这个行业的未来，每一步的酸甜苦辣，只有自己知道；每一个坑都是花了真金白银来填的。这对于未来想参与这个行业的人来说是一个较高的门槛。

非常庆幸有一群人在不厌其烦地调研，站在行业内外的角度解读和剖析每个看起来微不足道，却改变了整个行业的影响因子。

2020年露营进入新的元年后，其发展与迭代速度非常快，短短3年就相当于走过了其他行业的10年，从美陈打卡到内容活动的升级，从露营场景到露营产业的升级，现阶段营地已经成为文旅行业最重要的内容之一，营地回归本质后，将迎来一波新的快速发展。

这是一项耗费精力的行业编年史工作，2020 年行业刚开始发生的那些鲜为人知的故事，在本书中都有详细的记录，相信它一定能让你对露营行业产生更加清晰完整的认知。

露营到底为什么会出现？未来的方向在哪里？哪些路已经有人走过，结果又如何？

看完这本书，自会有答案！

嗨King 创始人　崔连波

前言

FOREWORD

2021 年 12 月，我和搭档鹿鸣一起创办了营地会，这是一个面向露营创业者的商业平台。这也是我第一次进入露营行业，之前的 7 年我一直在酒店、民宿行业，我在 2021 年出版了酒店行业第一本《酒店私域流量手册》。

2022 年，我用 1 年时间在全国实地体验、走访了 50 多家营地，并且在线上和线下对 500 多位露营行业的创业者进行访谈。我发现，了解得越多，对露营经济的感受也就越深刻，感受越深刻就会越迷茫，迷茫之后会激发更大的欲望，继续探索，这种经历让我对露营行业的认知发生了非常大的变化。

一开始接触露营，我认为去露营约等于住在帐篷里，而且还要过夜。也是因为要过夜，我会无意识地把营地与民宿、酒店进行对比。然后就会有很多质疑声：住个帐篷过夜得花八九百元，有的营地价格甚至为每晚 2000～3000 元，住酒店、民宿不好吗？

很明显，如果仅比住宿的条件，那么，即使帐篷再贵，硬件再好，也不可能超过酒店、民宿，这是行业属性决定的。当帐篷的住宿条件能媲美酒店、民宿时，这本质上已经不属于露营和营地了。

有意思的是，很多靠开露营地挣到钱的朋友，就是因为抓住了风口，在短期内挣了一波快钱。特别是在 2020—2022 年，那时是最"热"的时期。

在风口下，供需是不平衡的，也就是流量端（用户）的需求远远大于供给侧（营地）的需求。最简单的方法是去看小红书，2022 年 1 月，在小红书上搜关键词"民宿"，显示有超过 156 万篇笔记。再搜"露营"和"营地"，显示有 100 万篇笔记。到了 2022 年 8 月，关于民宿的笔记数量超过 324 万篇，而关于露营和营地的笔记数量超过了 541 万篇。这意味着，几个月时间，关于民宿的笔记数量涨了 1 倍，而关于露营和营地的笔记数量涨了 4 倍多，这就是流量端需求的爆发，如图 0-1 所示。

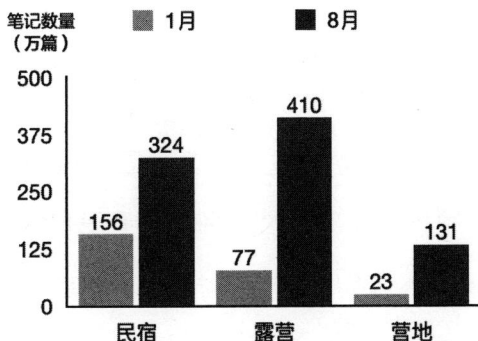

图0-1 2022年民宿、露营及营地的笔记数量对比

当时，就算你的营地品质低一点，也会有很多用户来消费。有些营地创业者跟我说，他们只想挣波快钱，也没想过要让用户复购，几个月回本后，能干多久是多久。当由此引发的乱象越来越多时，受伤的就是用户了。

我为什么要写这本书？

第一，2022年我实地走访体验了50多个营地，并且深度访谈了500多位露营创业者，能做到这一点的人应该非常少，大多数人依靠看网上的视频和文章来了解市场的情况。

第二，因为创办了营地会，我收集的信息更多、更广，视角更多元。国内的头部连锁营地品牌、优秀的单体营地、装备品牌方，大多是营地会的成员，有时候会称其是一个信息、资源集合站，各个露营品牌近期有什么情况，在营地会都能得到一手信息。

目前，营地会的账号在小红书的粉丝量超过 5 万，仅仅用了 1 年时间。能继续把这件事做下去，动力之一是很多用户给出了正反馈："你的所有视频我都看了，分析专业，对我很有价值。"所以，我真的要感谢这些素未谋面的朋友给我继续探索的动力。

第三，除了体验过营地，我还体验了 100 多家酒店、民宿，这可能也是一种优势。像十里芳菲、安缦、不是居、墟里·徐岙底、大乐之野、Club Med、Jun 酒店、W 酒店、柏悦、黄河宿集、青普、虹夕诺雅等，我都体验过。有些露营行业的朋友跟我说："井凉，你一半在露营圈内，一半在露营圈外，这样的视角刚刚好。"

第四，酒店私域流量是我 2019—2021 年最擅长的部分，这期间我接触了几千位酒店总经理及店长。那段时间，我担任多家连锁酒店品牌的私域营销顾问并负责内训，因此，在流量、营销的理解和运用上，我有一定的认知优势。

有些老朋友问我，为什么不继续做酒店私域营销？其实在 2021 年出版了《酒店私域流量手册》后，我已经把有关酒店私域运营的实操视频、实操文章都上传到各个平台了（抖音账号：@ 井凉）。对我自己来说，阶段性的小使命已经完成了。

人生有无数种可能性，某个事业只是我人生的一部分，所以我不留恋，也没有执念。我的下一个小使命，就是在露营行业打造及留下一些对大家有帮助的内容。

这本书将提供给读者哪些价值？

基于上述经历和经验，这本书的核心价值包括如下两个方面。

第一，把我体验了这么多营地及访谈过这么多露营创业者后，了解到的和踩过的坑，以及有关产品打造、业态规划、营地运营等思考和读者分享。

这本书已经过滤了网络上的无用信息，以实在和真诚为前提而创作。

第二，这本书的内容结构：我本人的深度思考＋各个品牌创始人的深度访谈。为什么要将这两部分相结合？如果只是用我个人的思考来诠释露营经济，未免有些狭隘。让更多走在路上的头部品牌参与进来，能够拓展维度和打开视角。

我对51CAMP创始人孙海涛、大热荒野创始人朱显、在山野创始人张于来、嗨King创始人崔连波、星谷营地创始人李海波等进行了深度访谈。通过这样的形式，让读者更了解这些头部品牌关于未来趋势的规划和发展方向的思考。

写书是一件既痛苦又快乐的事情，现在是 2023 年 3 月 5 日凌晨 3 点。当你在看这本书的时候，我的意识就在你身边。你在读我，也在读自己。

井凉

目录

CONTENTS

第一章 露营经济的机会 / 001

一、露营产业的机会有哪些 / 002

二、国内连锁营地的发展现状 / 011

第二章 营地是不是一门好生意 / 021

一、营地年营收多少算及格 / 022

二、没有头部品牌的行业有更多机会 / 027

三、洗牌，是行业向上发展的必经路 / 030

第三章 差异化营地的核心竞争力 / 037

一、你心目中的营地是什么样的 / 039

二、美陈设计是不是营地成功的核心 / 046

三、做营地，眼界比能力更重要 / 052

第四章　51CAMP：从营地到露营车　/ 069

一、各种模型的快速试错 / 071

二、露营的归宿不是营地 / 078

三、露营车，也许是行业的终局 / 088

第五章　露营界梦想家：4个营地1亿元估值　/ 099

一、营地是一个超级链接体 / 101

二、想象力才是核心竞争力 / 116

第六章　大热荒野的沉淀和思考　/ 129

一、国内精致露营的缘起 / 130

二、大热荒野的核心竞争力 / 138

第七章　不过夜露营的商业模式　/ 147

一、一年开出28家踩过哪些坑 / 149

二、不过夜露营地的投资模型 / 157

第八章　嗨King营地的连锁化 / 165

　　一、从微度假到独立露营产业的奔跑 / 166

　　二、露营地的边界和未来在哪里 / 174

第九章　露营地的选址和研判 / 183

　　一、营地选址的4个判断依据 / 185

　　二、土地政策是选址的红线 / 190

第十章　超级个体时代的创业准则 / 197

　　一、做事，需要真诚的态度 / 198

　　二、日拱一卒，是一种生活方式 / 202

后　记 / 207

优质合作品牌 / 217

第一章

露营经济的机会

CHAPTER

1

一、露营产业的机会有哪些

首先想跟大家聊的是整个露营产业的布局情况，通过这一节帮助你了解整个露营产业链中分别出现了哪些产业链和企业。

露营类注册公司，2022年1月有2.1万家，到2022年8月已经有7万多家，短短半年时间增长了2.3倍，这背后的原因是市场要满足用户的需求。

在这样一个大环境下，露营产业链中就会出现很多机会。我整理了11种不同的露营产业机会。

1.露营装备品牌

露营装备品牌有户外电源正浩、牧高笛、挪客、博庭、原宿、黑狗、雪峰、DOD、墨轩居等。例如，牧高笛的股票，1年时间涨了2~4倍，2021年6月，牧高笛的股票最高值25元，2022年6月其最高值达到了107元。这可以直接反映市场对露营装备的需求。

好多营地老板跟我说，2022年之前，去装备工厂买几套露营装备都是没有问题的，而且价格都好商量。而到了2022年上半年，要买几套露营装备，工厂都不搭理你，必须有一个起订量（大多是几十套起订），因为此时工厂订单猛增，严重缺货。

我相信其中一定有部分工厂为了应对需求猛增而增加生产线，其实比起增加生产线更重要的是产品能不能持续、有没有竞争力。工厂缺货这个情况到了 2022 年下半年就不再出现了，因为总体热度下来了。

南方和北方的偏好不同，2022 年天猫、淘宝的数据显示，南方人最爱买的装备是天幕、野餐垫、吊床、户外营地车，北方人最爱买的装备是点火器、登山杖、竹签、枕头、野餐炉具。

天幕和帐篷已经很"卷"了，挪客旗下有一个品牌：黑狗，专门走黑化风。颜色是最容易模仿的，你用黑色的，别人也可以用黑色的。你用橙色的，别人也可以用橙色的。但继续创新突破，占领用户的心智更关键，至少目前看来黑狗的定位还是很清晰的，其不断投入让用户知道黑狗是黑化风的鼻祖，用户看到黑色系列的装备，就能想到黑狗。从 2023 年开始，我们明显感觉到黑狗在往潮牌方向走。

另外，要想在装备上赚到钱，还需要细分品类，如烧烤炉、焚火炉、灯具等。不一定都挤在天幕和帐篷赛道上。

2.露营装备租赁品牌

露营装备租赁品类中多为不知名的小品牌和个体户,其挣的是租赁的钱,但放眼全国,还没有租赁头部品牌出现,因为这类租赁隐性成本高,不仅要求有成熟、稳定、大规模的仓储能力,还要有做流量的能力。

装备租赁市场是很难单独做成大品牌的,因为其很依赖地域属性,例如,你在上海,下周公司要搞个露营团建,那么,你肯定是找上海的服务商去租装备而不是找杭州的。

装备租赁挣企业端的钱更容易,企业一次团建可能就需要几十套户外桌椅、帐篷等,这时企业选择租赁肯定比购买划算。个人租赁的市场很小,租一把椅子20元,去淘宝、拼多多买一把才50~100元,这笔账算清楚后,大概率会从原来的租赁变成购买。因此,租赁这个市场可以作为一种业态的补充,属于零散式的,不能作为主营业务。

3.露营产业SaaS平台

露营产业SaaS平台初具规模的有订单来了、路客云、自我游、有赞等,现在的营地大多缺乏良好的技术支持和智能系统,这里有非常大的市场空间。

这些 SaaS 平台，目前还不能单独依靠营地的系统来挣钱，系统的实际运用也需要长周期迭代。因为营地属于非标产品，单纯将住宿系统植入营地是有很多问题的。例如，有很多营地是做不过夜的业务的，那么，住宿系统就不适合它们。

一些比较成熟的营地，像牛路野营，其上海店有 30 顶过夜帐篷，帐篷的间隔距离为 4~5 米，且都配了独立卫浴、空调、地暖。用户在体验完并退房后，如果它的营地系统中有一键关闭该帐篷的电源，则能大大减少浪费。

4. 露营空间品牌

按规模来讲，正在向连锁化发展的品牌有途居露营、大热荒野、嗨 King、51CAMP、在山野、三夫营地、春秋野梦、星谷营地、多布营地等。

途居露营主打房车露营地，是入局比较早的，在 2007 年就成立了。途居露营隶属于奇瑞集团，定位是做国内房车露营的第一品牌，营地数量最多时达到 50 多家，后来因受疫情影响，连锁加盟店大幅缩减。幸运的是，途居露营终于熬过来了，目前其有 10 家直营营地，2022 年全年营收突破 1 亿元，创历史新高。

另外，装备集合店也是一种类型，据我观察，挣钱的集合店很少，90% 都是亏钱经营的。为什么还会有人愿意开集合店？这是因为能开这种店的，都是手上有一些闲钱的"精致小老板"，自己又有主业，而且喜欢露营，基于这样的背景，他们就会合伙开一家集合店。

5. 露营预订平台

露营预订平台有觅野、野游地、携程、飞猪、小红书、抖音、美团等，曾经国内跑得最快的是觅野，其已经有 2000 多家营地入驻。野游地目前不直接做预订，而是与一些大平台合作。

可惜的是，觅野在 2023 年 3 月以失败告终，融资的计划一直没有接上。做大平台是非常难的，说九死一生已经是轻的了，"九十九死一生"才是现实。对于大多数中小企业来讲，利润比规模更重要，生意就是生意，只有活着的时候才能讲情怀。

为什么野游地没有死？之前我也不知道它是如何变现的，项目明显是烧钱的。后来我才知道真正的原因：不是因为融到钱了，而是几个创始人都有自己的主业，有正常的收入，他们把野游地作为副业，就算不挣钱，也可以解决团队的生计问题。

全球的头部露营地预订平台是 Hipcamp，可谓露营版的爱彼迎。美国的头部露营地预订平台是 Tentrr。对标国外，预订平台确实是一个机会，一个"九十九死一生"的机会。

6.露营餐饮供应链

接触了 500 多位营地老板后，我发现营地的餐饮品质真的是参差不齐，有些餐饮价格完全不匹配餐饮质量。我体验到的最差的一家露营餐饮，收费是 368 元 /2 位，但肉的品质和呈现的标准真的很糟糕，完全是冲着挣一波快钱去的（估计现在已经闭店了）。

露营的灵魂是什么？有人说是火，少了火就感觉缺了点什么，但是，少了一顿美味的户外餐饮，同样很难受。

露营餐饮的品质有很大的提升空间，就看谁能有效地解决这个问题。烧烤炉、预制菜等就是其中的机会。例如，锅圈食汇即将破万店，2023 年开始大力布局露营赛道。

7.露营内容平台

露营内容平台有 B 站（哔哩哔哩）、视频号、小红书、抖音等，但新进入者在这些平台是很难生存的，单独做露营内容平台的，基本都是个体户，属于自己玩玩，想破局太难了。而且，2022年11月，抖音露营板块负责人已经到位，开始搭建团队。这对行业来说是一件好事，在这之前，抖音上的露营问题一直没有专人对接。

这些大平台同样具备增加预订功能或直接接入第三方服务商的能力。

8.露营活动品牌

国内最有影响力的品牌之一，我认为是一帐 Camplus，它成立于 2019 年。在此之前，它是一个拥有 7 年品牌全案策划经验的团队。

一帐 Camplus 的定位是做一个新户外生活方式平台，目前，优质活跃粉丝达到了 40 多万人，在我国华北、东北、华南及东南地区成功落地大型露营活动，参加的用户人次达到了 100 多万。

2022 年 9 月，我去参加了一帐 Camplus 在桂林组织的露营大会，它 3 天接待了数万人，有 900 多位露营玩家参与活动并在现场安营扎寨。

在一帐 Camplus 的用户画像中，主要客群是年收入 50 万元以上的家庭，占 60%，一、二线城市用户占 77%。线下产品主要有三大类型：一帐城市营、一帐欢乐营及一帐露营会。

这三者的区别在于，一帐城市营在城市商业体中，做露营主题的户外市集；一帐欢乐营在城市公园中，打造全民都可以参与的户外嘉年华；一帐露营会则在大自然中，组织过夜形式的主题露营活动。

因为有过非常丰富的品牌全案策划经验，所以，它的设计和 IP 做得非常好，有自己的原创露营主题 IP-TeamC、火苗 Hoho、程序猿 James，非常"吸睛"。有一天，一帐 Camplus 创始人 Tiana 发了一条关于火苗 Hoho 的朋友圈，我在下面评论："啥时候出一个 Hoho 的果冻，我一定囤几箱。"这不是玩笑话，而是我的真心话。

9.露营商业媒体平台

这是我们正在做的事情：营地会，一个服务于露营创业者的方案解决商。做这类事情的小机构也不少，但是做得好的确实不多。

我们结合自己的能力，以及整个露营产业的机会做了这样一件事。我们的第一款产品主打"高质量露营产业创始人社群"，采用年费制度，目前已经有 700 多位露营、文旅品牌创始人加入，更重要的是 80% 的入会人员都是通过老用户转介绍及被内容吸引进来的。关于这款产品，我们比较自豪的一点是，几乎没有发过硬广告。

10.露营培训机构

在营地数量越来越多的情况下，背后是大量的人才需求，因此，现在很多做过一两家营地的老板都会出来讲课、分享，以及接一些规划设计的业务，甚至一些景观设计师、平面设计师也在转型。

基于这样的需求，我们也开始布局培训这个板块。我们实在是看不下去市面上那些业余的机构出来讲课，真的是误人子弟啊！

我们打磨的第一门课程是营地规划设计训练营，第一期在 2023 年 2 月启动，共有 137 人报名参加，课程好评率达 99%，退款率为 0%。课程学习采用"线上视频课 + 导师指导 + 每日解答"模式。在对外推广时，我们加了一条信息：承诺学习 15 天不满意可无条件全额退款。

这是一种对产品、对生意的信仰和敬畏，如果消费者用了你的产品，认为不好，你就应该退钱给消费者。另外，这样的承诺，更有助于产品的打磨和迭代，有压力才会有更大的动力。

11. 露营车（Vanlife Car）

这个机会是我在 2023 年 1 月与 51CAMP 创始人孙海涛聊天的过程中，受他启发找到的。他当时说要做一款露营车，我很诧异，营地才搞了不到一年，为什么要布局新能源汽车呢？

经过几次交流，我发现他对露营行业的理解是不断变化的。他认为露营的归宿不是营地，不是房车，也不是小木屋，而是 Vanlife Car。这个车，不是传统意义上的房车，而是可以让年轻人上下班通勤的露营车，在这个车中可以实现各种空间场景，如办公、睡觉、喝咖啡、出远门。

更重要的是，这个露营车不能太贵，他的终极目标是把这款车做成露营界的小米。

二、国内连锁营地的发展现状

2023 年 2 月，我花了 3 天时间，与 9 个露营头部连锁品牌的创始人深入沟通了一次。为什么在这个时间段找他们沟通？因为头部品牌的发展情况和目标计划，往往代表着行业的未来趋势。

1. 途居露营

途居露营成立于 2007 年，是最早的一批露营品牌之一，隶属于奇瑞集团，定位是做国内房车露营的第一品牌，营地数量最多时达到 50 多家，后来因受疫情影响，连锁加盟店大幅缩减。幸运的是，途居露营终于熬过来了，目前其有 10 家直营营地，2022 年全年营收突破 1 亿元，创历史新高。

途居露营的投资规模比其他营地品牌都要大，2023 年计划新增 1~2 个投资规模为 2000 万~5000 万元的大型营地、4~8 个投资规模为 500 万~2000 万元的轻型营地、10~20 个投资规模为 500 万元以下的小型营地。途居露营计划未来 3~5 年在主板上市，成为中国露营第一股。途居露营的大方向是把自驾、旅行、营地服务进行打通互联。

2. 51CAMP

51CAMP 成立于 2022 年 4 月，直营营地有 30 家，全部布局在江浙沪地区，其中杭州周边最多。2023 年，51CAMP 重点布局广东、四川、海南等地区，目前已经战略投资和并购了 GoSafari，作为广东地区的核心运营团队。

2022 年 51CAMP 开得更多的是近郊营地，也就是离城市中心 1 ~ 2 小时车程的营地。2023 年，其会放缓近郊营地的扩张速度，增加城市营地的门店数量。

随着创始人孙海涛对露营产业的理解加深，51CAMP 的品牌定位一直在演变。当下，如果要我对其定义的话，我认为他是在快速迭代试错，在做全品类的露营地类型。

最近孙海涛开始研究露营车了，他对露营的理解已经不只停留在营地上了，他认为露营的归宿是 Vanlife Car，不是营地，不是房车，也不是小木屋。这几个月他一直在各个车企供应链中寻找实现的方案，计划 2023 年 7—9 月推出第一款样板车。

这个想法我与他聊过好几次，如果这款车能被市场接受，那真的是极大的创新。我之前认为这款车就是房车，但其实不是，他要做的是让用户上下班通勤也能用的露营车，大目标是要做露营界的小米。

3.大热荒野

大热荒野的合作营地管理规模已经超万亩，从表面看是一个营地连锁品牌，其实本质已经是户外生活方式品牌了，不是单纯的营地品牌。创始人朱显把重心放在了品牌力提升上，2022年大热荒野全年营收同比增长100%。用朱显的原话说就是：有些钱莫名其妙就挣到了。

作为一个户外生活方式品牌，大热荒野2023年没有硬性的营地数量指标，而是顺其自然。现在找它合作开营地的需求很大，每个月都有20多个项目主动找它，它会从20多个项目中挑2~3个优质的项目来合作。

朱显说，大热荒野真要对标一个品牌的话，不是营地品牌，而是lululemon，其市值目前为370亿美元左右。lululemon这家公司大家应该都不陌生，虽然它卖的是瑜伽运动服装，但从来不教你怎么练瑜伽，而是鼓励用户离开瑜伽垫，把瑜伽的理念融入生活。现在越来越多的人穿着瑜伽服去玩飞盘、健身、散步、逛街、露营等。按照这种对标方式，大热荒野未来的想象空间就很广阔了。

4.嗨King

嗨King目前在营50多家营地，2023年大目标要做到100家，已经成立了10多个分公司，主攻下沉三、四线城市，自营的旗舰店重点为上海、北京和深圳。其内部对营地有一个定义，3星营地投资规模为50万元左右，4星营地投资规模为200万元左右，5星营地投资规模为 500 万元以上。

营收分成 C 端和 B 端，C 端大部分营收来自过夜帐篷。之所以过夜帐篷能卖爆，很大原因是其卖的不是帐篷，而是一套 2 天 1 夜的露营活动套餐，这个套餐专门针对亲子家庭和公司团建，专业的教练会组织各种活动带着大家玩儿。

嗨 King 的创始人崔连波从 2020 年做露营到现在，他的认知也改变了，从原来做周边游模型到做独立赛道模型，从做产品到做产业。目前已经有 3 家投资公司在跟嗨 King 谈估值了。

5. 在山野

在山野主打不过夜露营，定位是一日游露营活动方案运营商，28 家营地已开业，其中 11 家直营、17 家加盟。其内部对营地有一个很有意思的分类法，全年消费人数达到 1.5 万人的被称为 A 类营地，达到 1 万人的被称为 B 类营地。在山野 2023 年的大目标是营地开到 50 家，其中广东为重点拓展地区，以成都和长沙为辅。

在山野的创始人张于来跟我说，经过过去几年的爆发式增长，2023 年正式开始考验品牌力及整个闭环的流畅度，其中的核心是产品的差异化、门店的运营标准等。

我对在山野的观察：

第一，在山野是我见过的在近郊营地类型中，坪效利用得最好的品牌之一，杭州富阳的那个只有 3000 平方米的营地，投入为 50 万元，2022 年营收为 400 多万元。

第二，看似在山野的核心是以场景的差异化打造，来吸引年轻人消费，但这只是策略，真正的核心在于其先发优势带来的品牌力、差异化的定位及低成本的高效运营。

6.三夫营地

三夫营地目前开业 8 家，是上市公司三夫户外孵化的一个露营品牌。其营地主要布局在北京、成都、三亚、昆明，未来会以北京和成都为重点城市。

三夫营地 2023 年的大目标很清晰——不做小营地，只做百亩以上的项目，目前已经进入筹备阶段的，北京有两个 500 亩的，成都有 1 个 150 亩的，整体定位是做青少年国际营地。另外，三夫营地计划开 5 家城市营地。

看完三夫营地，会发现其与在山野拥有两个完全不同的发展方向，在山野走小而美、比较轻的模式，每家营地投资规模在 50

万~150 万元，而三夫营地是往复合型营地，更重的方向走。

2023 年，很多人说营地要往更重的复合型方向走，这才是未来的方向，也更有竞争力。

但是，别忘了，一个好的战略，其反方向往往也是一个好的战略。如果复合型是对的，那么反方向的单点式、轻资产也是对的。把一个单点打造到极致，也能吸引到消费者。

7.星谷营地

星谷营地目前开业 4 家，2023 年的目标是做到 9 家，以上海、北京、惠州、武汉为主。星谷营地创始人李海波在 2021 年下半年入局露营，第一个项目投了 3000 万元，"军车露营"是其营地的一大亮点。

李海波在 2022 年很着急，他希望扩张速度更快，现在，他看得更清楚了，慢下来了。2023 年 9 家营地的目标是，要做好 9 个不同风格的样板，有山系、海系、湖系、公园系、城市系等。

产品和内容是 1，把这个 1 做扎实了，才会有后面的 0。

李海波是十里芳菲的投资人，也是阿那亚的业主，深受阿那亚社区文化的熏陶。2022年在星谷营地的第一家营地里，李海波提出"共享共建"的理念，3天时间就有400多位投资人报名，最终筛选了51位有着相似价值观的且能为营地做出贡献的投资人，成为星谷营地的业主，一起打造营地的内容和产品。

李海波希望自己在营地行业里做成一个很大的服务型公司，首先对标阿那亚，其次是十里芳菲。即使再小的市场，如果打通了也是一个大市场。李海波从来不担心会没有客户，想象力是星谷营地的核心竞争力。

8.春秋野梦

春秋野梦是上海春秋集团孵化的一个露营品牌，目前有30多家营地。在2023年国内外旅游逐渐恢复后，其对营地的扩张数量已经没有具体指标了，因为相比旅游业务，营地的体量对其来说太小了。但营地这件事情，春秋野梦会继续做下去，目的是通过新行业来培养新的人才，提升新渠道和新产品的运营及打造能力，来顺应这个快速变化的时代。

9. GoSafari

GoSafari来自广东，目前共有5家营地，2022年11月获得

51CAMP 战略投资和被并购后，2023 年的目标是开 20 家营地，以广东、川渝、江浙沪为重点区域，以稀缺资源为主。虽然被并购了，但 GoSafari 的品牌会保持独立发展，定位为做一价全包的高端野奢度假营地。可以理解为就像酒店行业的华住，有汉庭、全季、花间堂等品牌，这是一个道理。

孙海涛为什么会投资这个品牌？他说当时看了 GoSafari 后台的各项收入和运营数据，感觉投入产出比不错，然后也体验了一下，确实打破了对这类更偏重服务的营地的一些偏见。

这个偏见源于我在 2022 年 3 月体验完 GoSafari 后回到杭州，我跟孙海涛提到的关于这个品牌的体验：一天 4 顿饭，下午茶、晚餐、夜宵、早餐，让你吃到爽，所有的食物都可以无限畅享，住宿配置有点像三星级的经济型酒店。

他当时回复道："这不就是户外版的民宿吗？一点意思都没有。"

第二章

营地是不是一门好生意

CHAPTER

2

一、营地年营收多少算及格

在 2022 年底，我做了一期营地产业的行业调研，样本采集自 113 位营地老板，如营地一年营收多少算及格、主要消费人群是谁、客源渠道来自哪里等。

调研结果如下。

第一，想入局这个行业的部分人，大概率是被市面上的信息诱导的，如 3 个月回本、半年回本等，认为这个行业很挣钱。

但真实的情况是，营地的年营收如下。20 万元以下的占到了 18%，21 万 ~50 万元的占到了 23%，51 万 ~100 万元的占到了 24%，也就是说 100 万元年营收以下的占到了 65%。

201 万 ~300 万元的占到了 9%，301 万元以上的占到了 12%，可以说，营地能做到 300 万元年营收，已经非常不错了，如图 2-1 所示。

这组数据在我组织的 3 天露营游学时被公布出来后，劝退了好几个要做营地的小白，因为他们压根就没算过营地这门生意一年能挣多少钱。

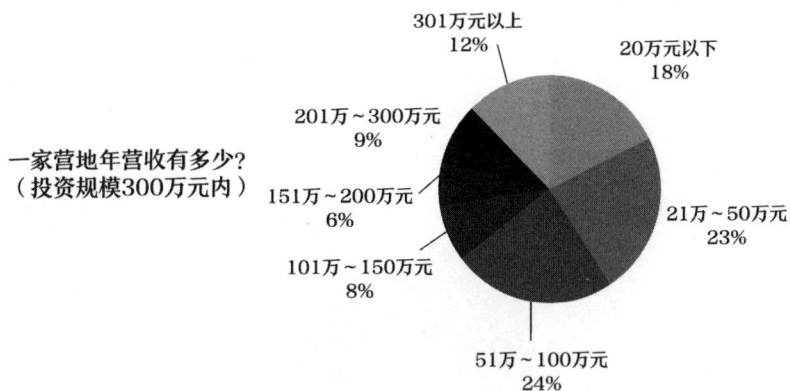

301万元以上
12%

20万元以下
18%

201万～300万元
9%

一家营地年营收有多少?
（投资规模300万元内）

151万～200万元
6%

101万～150万元
8%

21万～50万元
23%

51万～100万元
24%

图2-1　各类营地年营收占比

有一个开工厂的人，一年有几千万元的销售营收，他果断表示不想开营地了，情怀很美好，但现实很骨感。

还有一个朋友说，他仅修路已经花掉 200 多万元了，看完这组数据，突然醒过来了，账完全没有算过，回去后他进行了重新梳理。

第二，好产品才可持续，在已经开业的营地中，开到 2~3 家营地的占到了 34%。

说明成功开了第一家营地后，顺利出圈，再加上良好的运营能力，就能通过第一个项目来撬动下一个新项目。

开了第一家营地后还有意向继续开营地的，占到了 65%；正在考虑是否要继续开营地的占到了 27%，如图 2-2 所示。

有了第一家营地后，是否有想法开更多营地？

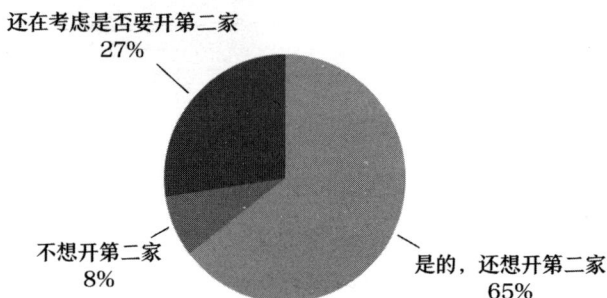

还在考虑是否要开第二家
27%

不想开第二家
8%

是的，还想开第二家
65%

图2-2　有意向继续开营地的占比

第三，更多人把营地当作事业，营地开业后，1 年内倒闭或转让的，占到了约 12%，也就是说每 10 家营地中，大概会出现 1 家快速闭店或转让的营地 。

不过，令人欣慰的是，还有 88% 的老板把露营当作自己的事业，而且发展良好。

在主要消费群体年龄段上，主力军为 26～30 岁和 31～35 岁这两个群体，分别占到了 31% 和 29%，为什么要把这年龄层拆分到这么细？因为 26 岁和 35 岁的需求还是有差异的，如图 2-3 所示。

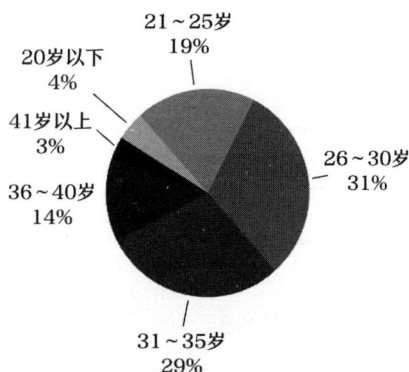

图2-3　主要消费群体年龄占比

　　另外，从营地客户占比上看，亲子家庭占比最大，第二是公司团建，第三是朋友聚会。也就是说公司到营地进行团建，对营收的贡献很大，如图2-4所示。

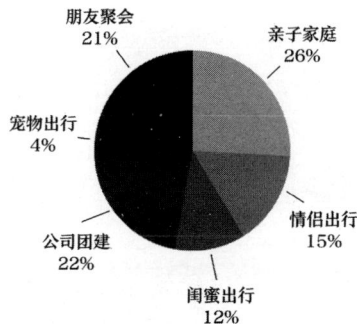

图2-4　营地客户占比

　　第四，在获客方面，四足鼎立：微信占42%（含老用户推荐）、小红书占19%、抖音占16%、美团占16%（含大众点评）。其中，

微信中的老用户推荐占到了 13%，说明口碑越来越重要，如图 2-5
所示。

客户源于哪些渠道？

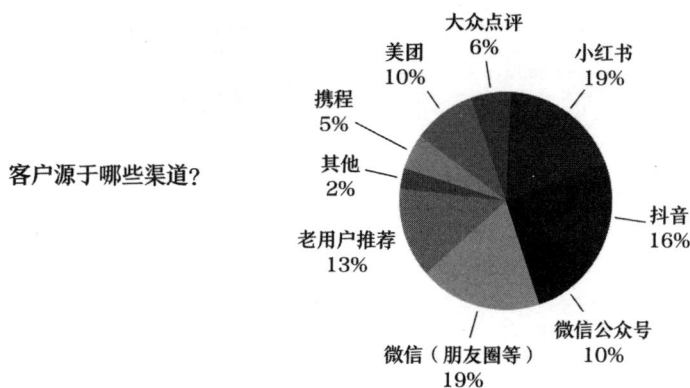

图2-5 客户来源占比

在营销上，获客效果不错的方式有达人探店视频、商家账号视
频和素人探店视频。

以上数据源于对 113 位营地老板进行的实际调研，由于样本数
量有限，数据仅作为参考。

看完这些数据，要补充的一点是，这些营地样本的投资规模
在 300 万元内，也可以理解为大多数个体小老板能投得起的资金规
模，那种投资上千万元的营地不在本次样本中，因为它属于另外一
个模式。

所以，小投资的营地，一年营收可以做到200万元，已经属于中游水平了。

二、没有头部品牌的行业有更多机会

2022年下半年开始，有一种声音频繁出现，大概意思是：营地不好干了，同质化现象很严重。这些"噪声"多了后，自然而然就会被大众接受，大众便会认为这是事实。

这真的是这样的吗？这真的是事实吗？

跳出行业看行业，我们去看看在其他行业有哪些已经成熟的头部品牌。

在酒店行业里，头部品牌有华住、亚朵、锦江之星、Club Med、松赞等。

在民宿行业里，头部品牌有十里芳菲、大乐之野、不是居、墟里等。

在咖啡行业里，头部品牌有星巴克、瑞幸、M Stand、代数学家、Manner等。

在炸串行业里，头部品牌有喜姐炸串、夸父炸串等。

在奶茶行业里，头部品牌有蜜雪冰城、一点点、茶百道、奈雪的茶、喜茶、霸王茶姬等。

在锅盔行业里，头部品牌有阿甘锅盔、南公子锅盔、包记锅盔、矮子锅盔等。

在包子行业里，头部品牌有巴比馒头、小杨生煎、和善园、甘其食等。

在炸鸡行业里，头部品牌有正新鸡排、肯德基、麦当劳、德克士、塔斯汀等。

在火锅行业里，头部品牌有海底捞、小龙坎、凑凑、呷哺呷哺等。

基于以上这些行业和品牌，反观营地行业，其实还没有出现一家真正意义上的成熟的头部连锁品牌。判断成熟连锁品牌的 3 个关键因素：单店模型成不成熟、标准化成不成熟、中台系统成不成熟。

营地行业与酒店行业比，酒店行业已经有几个上市企业了，营地行业没有。跟咖啡行业比，咖啡行业不仅有上市企业，还有多个品牌的门店数量达到了上千家，咖啡行业已经不能用红海来形容了，简直是"血海"，咖啡店的倒闭率高得离谱。再跟奶茶行业比，已经有开了几万家店的蜜雪冰城了。

营地行业还是小白，既没有上市品牌，也没有出现百家、千家规模的品牌。可以这么说，现在市面上的营地品牌，起跑线基本是一致的。

恰恰因为没有真正的头部品牌，所以才会有更多机会。

营地是一个大行业吗？不是，从目前来看，营地是一个小行业，但任何一个小行业都有机会，都会有很多个细分领域。现在的市场环境，就怕你干大干全，什么都干，结果就是什么都干不好。如果从个人投资者角度出发，对手上有几十万元或几百万元的小老板来说，行业规模有多大？是 1000 亿元，还是 5000 亿元，其实跟你压根就没有关系。

营地的生意不会因为天花板是 5000 亿元而更好。你要注意的是，以营地为中心，辐射周边的客群，满足他们的需求，为他们提供更好的户外产品。

再回到那个问题：你认为，营地的同质化现象真的严重吗？

三、洗牌，是行业向上发展的必经路

2023 年 3 月下旬，一篇名为《露营地倒闭潮，和春天一起来临》的文章在朋友圈疯狂刷屏。看完这篇文章，我很生气，因为但凡作者真正采访几个头部品牌，都不至于得出如此极端的结论。

该文章的人物是虚构的，公司是虚构的。作者只是去了一个小营地，编出了一篇典型的以"非虚构"手法虚构的内容，然后就得出一个结论：这个行业不行了。

文章还断章取义，截取了星谷营地创始人李海波老师 2022 年 10 月接受采访的内容。采访的内容有 5000 多字，而作者只取了其中 30 个字来证明，然后就说：你看，头部品牌的创始人说这个行业不行了。

这种做法对这个行业伤害不小。这恰恰利用了人们喜欢看热闹的心理，给读者一种很"爽"的感觉。

我本来是不想回应的，但很多朋友私信我说："你要回应，必须反驳，行业需要更加真实的反馈，而不是被媒体乱报道。"

1.微度假，是长期刚需

"旅游放开了，谁还去露营"，我经常听到有人这样说。大多数人一听感觉没错，好像是这个道理，但是，仔细观察一下市场，你就会发现这句话是完全不成立的。

旅游放开了，确实可以选择更多的目的地，可以去远方。

但你每周末都可以去远方吗？你每周都有 4 天以上的假期吗？不现实。

周末带着家人、朋友去离城市 1～2 个小时车程的近郊进行放松，仍然是刚需。

这种类型的微度假，会一直存在。营地是微度假的形式之一，或者说选择之一。

2.优胜劣汰，是自然规律

总有人以多个营地倒闭了来做文章，然后得出"这个行业不行了"的结论，这个逻辑也是错误的。

哪个实体服务行业不存在倒闭的现象？开酒店、开民宿、开咖啡馆、开火锅店、开奶茶店，如果产品差、服务不好、运营能力不强，难道就不会倒闭吗？

都说营地"卷"，你去看看咖啡店赛道，那里已经不是红海了，简直是"血海"，咖啡馆开 10 家，3 个月内至少倒闭 8 家。优胜劣汰是常态，是自然规律。

所以，说营地"卷"、生意不好做的朋友，大概率是因为缺少产品创新能力、运营能力及想象力。

"不知道自己不知道"是件很可怕的事情，总有人对外把理由归结为"行业不行，所以我不行"。把责任推给别人虽然简单，但不自省、不改变，永远无法进步。

有些朋友比较排斥露营行业出现的组合式创新的新物种。我想说的是：原地踏步＝退步。

3.营地生意，2023年到底如何

接下来拿出一些 2023 年真实的、具体的数据供大家参考。

在山野，杭州径山营地 3 月营收 45 万元，路野空间营地营收 38 万元，杭州富阳富春山居营地营收 25 万元。

牛路野营，主打过夜帐篷＋户外餐饮＋自然教育，上海营地 3 月营收 50 万元，杭州营地营收 24 万元。

大热荒野，3 月营收同比增长 35%。

成都的营地品牌城市星野，3 月单店试营业营收 35 万元，没有做任何推广，4 月开始做正式的开业宣传。

三亚的愚生 VIVA LA VIDA 野奢营地，2023 年 1—3 月的累计营收为 68 万元。

三亚的极玩地球天涯营地，3 月营收 50 万元。

嗨 King，西安营地 3 月营收 38 万元，同比增长 32%；上海营地 3 月营收 35 万元；昆明营地 3 月营收 28 万元。团建和品牌活动占 65%，家庭用户占 35%。

无锡的保格林的 4 家营地 3 月营收：太湖龙寺 45 万元、三国城 35 万元、鹅湖玫瑰园 10 万元、尚田小镇 10 万元。

广州的北迹露营，3 月营收 83 万元，过夜入住人数 747 人，总接待人数 3747 人，因为雨天多，生意整体没有达到预期。

早安野宿 3 月营收：上海早安太阳岛度假营地 33 万元，上海舞帐六釜餐厅城市营地48.7万元，上海外滩中央城市营地17.5万元。

北京的营地品牌天开自然农社，在4月1日和4月2日做了一场游园会，门票为180元/人，现场来了3000多人，爆满。

广东惠州的露托邦元星营地，2023年3月开业，主打自搭帐篷（帐篷自带，提供场地），是一个典型的资深玩家营地。目前还在探索阶段，价格为300元/营位，3月受大风和暴雨影响，累计卖了270个营位，营收81000元。因受天气影响，损失了1/3的收入，这门生意确实靠天吃饭。

2023年的回暖期：珠三角在2月中下旬开始回暖，长三角在3月开始回暖，北方在4月才开始慢慢回暖。

另外，还有一个信号：前几天我去北京拜访了星谷营地创始人李海波老师，他的星系集团及旗下营地项目以1亿元估值，获数千万元融资，由璀璨资本领投。对行业来说，这释放了一个好的信号。

品质差的营地，被淘汰是必然的，洗牌是每个行业向上发展时都会经历的一个环节，不是露营行业独有的。露营行业是长期的，目前最缺的是好的户外产品。

只要有好的产品，就会有机会。你可别说我只举了一些生意好的营地，还有很多生意差的怎么不举。

第一，我只是举了一些生意好的营地的例子，还有很多没写上去及我不知道的。

第二，一个向上发展的行业，如果好的营地品牌不去淘汰低端的营地品牌，最终倒霉的是消费者和这个行业，因为消费者的差评会反噬行业，从而导致恶性循环。

只有互相切磋、互相学习，这个行业才会越来越好，要时刻怀有包容和空杯的心。

好吃、好玩、好看，至少要占一个吧？如果哪个都不占，凭什么让消费者选择你？哪有所谓容易挣的钱。

一个正处在初期的行业，更需要真实、理性、客观的数据让大家知道，行业目前真正的模样是什么。伪造内容、博人眼球会导致用户产生负面的刻板印象。

正如大热荒野的创始人朱显所说："本以为多呼吁呼吁，多说几句，就能让头脑发热的人少一些，但其实没用。跟风的、赚快钱的人还是大把大把的。要想明白，到底凭什么赚钱。请战战兢兢、如履薄冰地把产品做好。倒闭潮倒无所谓，但是你伤害了的用户，我需要花大力气才能让他回到户外组织、联盟。户外人更爱自由、更洒脱，坚持这份热爱吧，户外人。"

第三章

差异化营地的核心竞争力

CHAPTER

3

2022 年 3 月是创办营地会的第 3 个月，我跟合伙人鹿鸣决定到线下实地考察和体验营地，去看看一线的市场反馈是什么样的。在这之前，我们几乎没有去过营地进行现场考察和体验。

虽然我是一个户外爱好者，去腾格里沙漠徒过步，去桂林攀过岩，去厦门学过攀树，去成都学过野外急救方法，到亚布力和长白山滑过雪，但是户外爱好和露营、营地是两码事。

特别是要想把露营与商业结合，更需要去实地走访考察，了解一线的信息。

做完计划，我决定第一站先去广东市场走走，挑选了几个想去体验的品牌：GoSafari、原乡野宿、大热荒野、星乐度、AMPM 全日营。

理由很简单，GoSafari 是朋友开的，投资了 100 多万元，创造了 5 个月回本的纪录；原乡野宿当时在平台上的全国综合排名基本是前三，有时候是第一；大热荒野不用多说，它连续获两轮融资，当然得去看看；星乐度在全网的标签是露营小镇，当时我们被这个标签吸引了，想去看看露营小镇究竟是什么样的；AMPM 全日营是一个资深玩家做的营地，同时 AMPM 也是一个高端的小众装备品牌。

一、你心目中的营地是什么样的

第一站，两天一夜，我们体验了清远的 GoSafari 营地，有如下几个感受。

第一，原来只要把露营的住宿体验稍微做好一点，在舒适感上就会加分。GoSafari 的定位是做高端用户，每晚的价格为 2000~3000 元，每顶帐篷配了独立卫浴。住的虽然是帐篷，但给人的舒适感与几年前的经济型酒店差不多，整体还是可以的。

住经济型酒店只需要 300 元左右，住这个营地就要花 2000 多元。这就是赛道红利 + 场景 + 内容 + 社交带来的溢价空间。

第二，在吃方面，我吃得很爽。GoSafari 采取一价全包的方式，下午 3 点办理入住后，开始下午茶、烧烤、火锅，一直到晚上 8 点多开始放篝火、玩音乐，晚上 10 点居然还有夜宵。晚餐用的食材都是大鱼、大虾、大肉，自助畅吃畅饮，吃到吃不下为止，我们玩得很开心。

第三，营地具备非常浓厚的社交属性，我和几个朋友坐在天幕下，天幕旁边有一块小湖，迎着微风，氛围很好，就算发发呆也很舒服。做酒店、做民宿的老板，都在想办法做内容，但做出来的内容能让用户停留下来参与的时间很少，因为周边资源和内容是大于酒店及民宿本身的。露营不一样，露营本身就是用户的目的，用户到了营地后，基本不会去周边逛了。

第四，GoSafari在选址上很聪明，与文旅地产合作，在度假区用一块地做营地，减少了后面很多有关土地的问题。

第二站，两天一夜，我们体验了原乡野宿，有如下感受。

第一，从住的角度来说，确实很一般，卫浴是公共的且很脏，与GoSafari差别很大。当时我心里想：原来平台评出来的第一名卫生条件竟这样。

第二，GoSafari做得好的地方是什么？我认为是活动丝滑程度和仪式感。GoSafari有一天的活动安排，时间很紧凑，如玩飞盘、做瑜伽、玩桌游等，晚上驻唱歌手会和大家互动，歌声一起，氛围就到了；还有烟花秀、夜宵，那瞬间是忘我的，我跟朋友在一起非常快乐，非常纯粹。凌晨1点我睡不着，跟朋友继续在天幕下聊天，当时我看到隔壁的几个小姐姐也在聊天。

体验过程中，我看到的几乎都是年轻人，大部分是女性。仪式感体现在烛光晚餐上，摄影师全程跟拍，从白天到晚上，必须让用户拥有 10 张以上的图片可以发两条朋友圈。现场打造了 3 个专门给用户拍照打卡的场景，确实很出片，跟我一起去体验的朋友带着家人拍了好多照片。

第三，那时我的想法是：这钱也太好挣了，原乡野宿的客单价是 699～799 元，一顶帐篷住两个人就是 1500 元左右，现场有 20～30 顶帐篷。按 1500 元一顶帐篷计算，保守一些，一周订出去 30 顶，共有 45000 元，一个月就是 18 万元，10 个月就是 180 万元。投资额为 50 万元，1 年内能回本，而且这还是按非常保守的算法估算的。

第四，从原乡野宿的 1.0 露营产品来看，年轻人的包容度很强，只要满足了他们的社交需求和精神需求，他们就愿意发朋友圈，平台上很少有关于住宿和卫浴环境的评价，也说明峰值体验的重要性，把那个"嗨点"做到极致，能减少用户的负面情绪。

对于做年轻人的露营地的老板而言，赚的不是复购的钱，而是转介绍的钱。一家投资几十万元的营地，其目标是尽可能快速回本。至于有没有复购，对投资人来讲其实并不重要，因为新用户的基数足够支撑营收，那时候的流量几乎是免费的，不需要太多成本。

反而定位为做亲子家庭的研学或教育的营地，复购率会更高。

第三站，我们去了珠海的大热荒野，那是一个周日，天幕下坐满了人。我对大热荒野的第一印象是酷和干净。我们下车后，营长就递上了瓶装水，是依云牌子的。营地采用的是公共卫浴，整体卫生情况比原乡野宿好很多，吹风机配的是戴森的，显示出了一种高大上的调性：你看，我们不用普通矿泉水，不用杂牌吹风机，虽然营地小，但配置都比较好，在颜值和用户认知上更高级。

其实，一家营地如果采用公共卫浴，配 2 ~ 3 个戴森吹风机花不了多少钱。但如果是独立卫浴，成本会高很多，例如，你家有 30 顶过夜帐篷，如果每个帐篷都配独立卫浴，那么就需要配 30 个戴森吹风机，这样成本确实高了一些。

因为连续到两个营地过夜了，那几天我们基本都没有洗澡，所以，当时已经不想再在大热荒野的营地过夜了，想着赶紧找个酒店好好洗个澡。

第四站，花了 2 小时体验完大热荒野后，我们就直接去了珠海的星乐度，这是一个文旅综合体（虽然名为露营小镇），包含酒店的业态。到达酒店后，我们迫不及待地洗了个澡，之后星乐度的管理层带着我们进行参观。

没来之前，每次听到"露营小镇"我总以为是由很多帐篷、天幕、木屋组合在一起的社区，看完后才发现与我想象中的很不一样。星乐度是国内首个房车露营旅游示范基地，也是国内首批达到国家最高 C 级标准的营地之一，客群以家庭和孩子为主，以年轻人为辅。

住宿板块，除了一些标准化的酒店亲子房，星乐度还打造了星空房车营地、帐篷营地、各种木屋、特色城堡及由集装箱做成的特色房间，总共约 500 套。整个园区的露营生态环境做得非常好，进入露营区域，就像来到了东南亚，完全感觉不到是在一个城市里。

娱乐板块，除了常规的烧烤、露营派对，星乐度还做了一个非常大的无动力乐园，在我见过的无动力品类中，其规模应该是排名第一的。当时我还体验了一个名为"深海迷宫"的项目，该项目有 5 层楼高，进去后我探索了 20 多分钟才走出来，趣味性很强。还有其他大大小小的设施和活动，如赛车、滑道、吊索等，很适合带孩子的家庭。

教育板块，星乐度与教育机构合作，开发了自然教育的产品体系，专门针对 4 ~ 16 岁的孩子，提供芬兰式教育，主要由体育课和文化课组成，每年都会组织夏令营、冬令营、亲子营、研学营、周末体验营等。

像这样的露营文旅项目，投入是非常大的。既然投入巨大，就必须考虑项目的生命周期。比起通过激发年轻人的猎奇心进行一次性消费，打造一个满足家庭和孩子需求的周边目的地更靠谱，因为他们的消费频次更高、更稳定。

一个投资过亿元的项目，如果解决不了淡季的问题，就很容易亏损。把节假日的生意做好，很容易，但做好平日的生意，很难。对于星乐度而言，它已经拥有了足够优质的资源，通过研学、乐园、住宿多业态的组合，能够填补全年的运营周期。

携程的联合创始人梁建章对这个项目的评价：这是我觉得最具童趣、体验过的最棒的露营小镇。

第五站，从星乐度回来，我们去了广州近郊的 AMPM 全日营。这是高端小众装备品牌的第一家营地，创始人是一个资深玩家，营地呈现出来的状态是高端和干净。帐篷用的全部是大白熊的（一个高端的国外装备品牌），还配了一个室内 + 室外大概 100 平方米的咖啡馆，主要功能包括装备展示，提供咖啡、早餐、休息区，过夜帐篷的客单价为 1600 元。

体验完这家营地，我的感受：资深玩家做出来的营地，确实调性高很多，不管消费者知不知道这些装备品牌，但必须用最好的，这是资深玩家的态度。

体验完这 5 家营地后，我开始真正意义上了解露营行业。当时跟我一起去体验的还有趣墅的创始人余旭日和张文锋，临走前他们给我抛出了一个想法：井凉，你来广东发展，我们一起开 100 个营地，这种投资比酒店、民宿少太多了。

时隔一年，再去看这些品牌，已经跟原来完全不一样了：GoSafari 被 51CAMP 投资和并购了，原乡野宿升级了新的露营产品，大热荒野从营地品牌升级为户外生活方式品牌。

2022 年初，开实体店的老板都很焦虑，部分门店关停，公司优化组织架构，运营成本最小化，大家都在苦思冥想，怎么才能够让手中的现金流更多，扛过接下来的一年。直到 2023 年初，一个老朋友跟我说："井凉，虽然疫情过去了，门店生意还不错，但我很慌，因为生意太稳定了，稳定得让我发慌，暴风雨来临前的假象是风和日丽。"

从广东回到杭州后，我见的第一个人是 51CAMP 的创始人孙海涛，那时他已经有入局营地赛道的想法了。他问过我一个很好的问题：你心目中的营地是什么样的？

我对这个问题的理解：如果你没有办法清晰地描述出想做的营地的样子，以及提供给客人的户外供给，那么就还谈不上去开营地。

一个想法从嘴里说出来，本身就已经被过滤了一部分，因为想的东西一定比说出来的多。要是说都说不清楚，会更麻烦。

二、美陈设计是不是营地成功的核心

在我从事酒店、民宿行业的时候，从来没有听到过"美陈"这个词，听到更多的是美学设计、空间设计、美学空间等。

网上有很多讲营地美陈如何设计的视频，这类视频都有一个特点：告诉你只要这么设计了，你的营地就可以成功，就可以挣钱。可以说，这些完全是为了获取流量而被制作出来的视频，一家营地的成功哪有这么简单？

美陈设计到底是不是营地成功的核心？先给出我的结论：有时候是，有时候不是。

接下来用 3 个案例进行拆解分析。

杭州的在山野

2022 年 5 月的一个周六，我体验了在山野杭州富阳营地，那时候的客单价为 398 元，6 人起订。毫不夸张地说，现场 20 多组帐篷和天幕全满。每个环节和场景的设计，都非常巧妙。其定位为主打不过夜的露营主题派对，只做小白用户的精致露营。

营地每两个月换一次主题，有土耳其日落主题、摩洛哥艺术主题、春色之外主题等。

活动从下午开始，有艺术泡泡时光、小丑折气球、彩绘手作等。每个活动的连接非常自然，营长是气氛担当，晚上的篝火晚会把大家调动起来狂欢。营长以前几乎都是做婚庆司仪的，把主持能力直接运用到了营地活动中。

每个场景布置得让人很想拍照打卡，很出片，连卫生间都会让你感觉是一个可以打卡拍照的地方。我在体验完在山野后，最大的感受：原来露营还可以这么细腻，这么精致，真的是抓住了小白用户的需求。在这么多营地类型中，其更像是一日游露营主题活动解决方案的服务商，把用户一天的露营体验做到了极致。

2022 年全年，在山野的杭州富阳营地年营收达到了 400 万元，而投资金额为 50 万元。这是一个典型的用美陈设计破圈的经典案例，美陈设计在其中起到了关键的助推器作用。

| 案例二 |

无锡的保格林

保格林是一个很特别的营地，它没有什么美陈设计，但是，它很挣钱，它的太湖龙寺营地 2022 年投入为 30 万元，做到了 400 万元年营收。三国水浒城营地，2022 年 5 月开业，年营收达到 260 万元，投入也是 30 万元。

保格林的核心是用烧烤破圈，主打果木烧烤，炉子用得很好，这就与别人形成了差异，大多数营地用的是卡式炉。它的产品有 3 个主打款：果木猪排套餐（780 元 /6 人）、战斧牛排套餐（1050 元 /6 人）、烤半羊套餐（1500 元 /10 人）。

保格林本质上是一个户外餐厅，把好吃做出了差异化并做到了极致。它的场地是跟景区合作的，基建原来就有，投入相对来说比较小。这是一个无美陈设计的营地，但做出了成绩。

上海的牛路野营

牛路野营的上海营地，是一个跨越过经济周期的营地，已经开业 6 年了，至今没有倒闭，生意很好。一家营地可以经营 6 年，至少是跨越了一个小经济周期的。牛路野营创始人唐伟在营地行业已经干了 8 年，至今没有考虑换行业，他已经把营地当成了自己的事业。

我第一次去牛路野营是在 2021 年 4 月，当时一起去的还有心悦雅集的品牌负责人。体验完几个月后，心悦雅集成立了 GoSafari 营地品牌，开了自己的第一家营地。

我第二次去牛路野营是在 2021 年 11 月，第三次去牛路野营是在 2022 年 10 月，都是去参加它们的品牌升级发布会。这个品牌给我最大的两个感受如下。

第一，创始人对营地有敬畏之心，营地在旺季、淡季价格基本都很稳定，在旺季供不应求时，也不会出现价格增长两三倍的情况。牛路野营这几年对涨价很谨慎，连涨 50 元创始人都要不断思考原因，这也是牛路野营的产品价格多年来基本保持稳定的核心原因。

唐伟对营地这门生意是充满敬畏的，我每次和他交流时，他都会传递这样一个观念：要做可持续发展的营地。

　　第二，牛路野营的产品核心竞争力已经跳出了大多数营地的范畴，也就是在产品里注入了魂，这个魂就是自然教育，这是牛路野营的核心竞争力。

　　基于这个核心竞争力，牛路野营复购率高、生意好的原因就清楚了，因为它做的是亲子家庭和青少年的生意。创始人唐伟对自己的产品极具自信。

　　自然教育的年卡首发价格为 599 元 / 张，做成了引流款，上架一周就大卖，现在其价格为 888 元 / 张。利润款产品包括夏令营、主题营、技能营等，进阶款产品包括远征雪山徒步、攀岩、滑雪等。

　　当大多数营地在卖住宿、卖餐饮的时候，牛路野营的产品维度却完全不一样。牛路野营的产品在这几年的不断打磨下，已经有了一套成熟的体系，在非标产品中规划了节市产品、主题定制和品牌合作；在标准产品中有营地产品，如过夜住宿、部队火锅、户外活动、BBQ 等。

　　其在餐饮这块非常硬核，双人餐 399 元一套，肉的品质很高，出餐流程娴熟，标配为 Weber 品牌的烤炉，能配这么贵的烤炉的营地不多。那天我专门去了它的仓库，里面放着十几台 Weber 烤炉。有了这款烧烤产品，营地基本每周爆满。

创始人对户外餐饮非常在意，他坚持一手抓，他的合伙人如果要增加或改变其中一个环节，如增加食材或替换烤炉，必须得到他的同意。

去他的营地，如果是为了看美陈设计，其实是没有的，他的那些帐篷在很多营地都可以看到，从表面上几乎看不到独特之处。但是，营地的内核非常强，非常有竞争力，必须深入去体验、去和创始人交流，才能体会到它的不同。

唐伟总是跟我说，自己做的是一个没有服务的营地，来营地就是来吃苦的。光听这句话，你可能会想这人怎么把节省成本这件事说得这么高大上。

可是，你不知道的是，当他说自己做的是一个没有服务的营地时，他的全职员工有十几个，并且还有IT部门研发营地预订系统。

牛路野营在 2022 年打出了一个新的口号，我觉得非常恰当：做一个高贵的野蛮人。

这是一个无美陈设计，但做出了好成绩的经典营地案例。市面上，一家营地能活6年，仍然保持健康，确实很少见。

以上3个案例很好地解释了美陈设计对营地的作用。说它关键吧，确实关键，有一些品牌确实是通过美陈设计出圈的；说它不关键吧，确实也有一些硬核的营地没有美陈设计，靠自己的其他优势出圈。

总之，好吃、好玩、好看，这3个你总得占一样，哪个都不占，消费者就不会选择你。

三、做营地，眼界比能力更重要

遇到瓶颈和困难该怎么办？我认为最有效的方法之一是多出去看看，别总是待在自己的圈子里，总认为自己是最牛的，山外真的还有山，人外真的还有人。你要时刻记得：永远有比你聪明的人存在，要谦逊。

很多营地老板之所以做不好营地，就是因为看得少、体验得少。当营地老板的大多数知识、信息只源于网络时，最终一定会导致同质化，即使现在还没有同质化，也只是时间的问题。

我有一个黑龙江的朋友，他每季度会来南方比较发达的城市逛

10天，逛完后就会把看到的好东西根据自己所处的市场环境进行调整更新。其实这就是模仿，但不是完全模仿，而是借鉴新的商业模式或新的产品，再基于符合自己的市场做微调，用这个方法，他的生意一直在自己的城市里处于领先地位。

不要认为自己有多聪明，要去做多大的创新，你深思熟虑、想破脑袋想到的绝佳方法，大多数已经在市面上存在了，并且这个方法是否可行已经被验证了。

最高效的方式就是去实地看，去实地体验，去实地沟通交流。模仿大于创新，虽然"模仿"这个词语听起来有点"可耻"，但这是事实。

2022年疫情期间，为了快速增加自己对营地行业的认知，我坚持实地考察了50多个营地，访谈了500多个营地创业者，实现了如下几个认知上的改变。

第一个阶段

由于过去我是从事酒店、民宿行业的，所以就认为营地是一种新的住宿业态，本质上都是住，不一样的是，在营地是住帐篷，在酒店是住混凝土构成的小房间。

第二个阶段

体验完广东的营地后，我发现营地是多元的，可以住有独立卫浴、有床的帐篷；可以住很简陋、睡睡袋的帐篷；也可以住木屋、房车等，这些都叫营地，范围很广。更重要的是，营地本身就是一个目的地，用户到了营地后，大概率不会再去其他地方玩，他的活动范围基本都在营地里。而酒店、民宿则以住为核心，用户住进酒店还会想着出去玩。除非酒店是度假村类型的，里面有丰富的娱乐项目，用户可能就不会出去玩了。

第三个阶段

体验完杭州的在山野后，我发现原来营地不只可以住，还可以做不过夜营地，或者做成一日游的露营主题派对，为用户安排一天的活动流程，再加上好吃的烧烤，配上各种精致的打卡点，可以吸引年轻小白用户，而且这个人群基数更大。当消费群体基数大时，意味着生意的天花板更高。

第四个阶段

51CAMP 开始连锁化，2022 年 5 月创始人孙海涛表达出了一个明确的想法：前 20 家直营的营地不会超出杭州及杭州周边，这是为了验证网络效应能不能在营地行业实现。也就是在用户去了51CAMP 的其中一家营地后，如果体验好，他还会不会去第二家、第三家、第四家。这时，距离是关键。营地有非常强的地域属性，如果你在成都，你一定会选离成都近的营地，而不会选杭州的营地。

让全部流量在各个营地流动起来，是孙海涛当时的核心目标之一。

第五个阶段

2022 年 6 月我去了安吉的猪罗纪营地和野欢原，发现原来还有人针对资深玩家这个人群做营地。特别是猪罗纪营地，又野又精致。野在于，它有几十个自搭区域，车子是可以直接开到营位的，有树林、有小湖，很多资深玩家会去那里自搭过夜。我去过几次，每次都有不同的玩家在那里露营，看到他们不同的装备、不同的生活方式，我觉得很有意思。

精致在于，它的基础配套设施比营地更齐全，吹风机配的是戴森的，还有超级大的草坪、户外影院、拎包入住区、房车区、东南亚餐厅等。创始人小猪是一个很有情怀的人，他一年四季都在营地里做迭代和优化。营地是一个可以永无止境地完善并优化的东西。

野欢原是一个非常大的自搭类型的营地，面积达 700 多亩，要体验纯正的野营，去那里就很适合，里面拥有各种你想创造的可能性。车可以直接开到营位，费用为 80 元 / 人。

第六个阶段

我去了境见·茶野里帐篷酒店，共 12 顶帐篷建在茶园上面，风景不错，生意也很好，每间夜客单价为 1200 ~ 2200 元，专门做亲子家庭的生意。其本质上是一种民宿类型，每顶帐篷的造价约 12 万 ~ 15 万元，有保温隔热的措施，一年四季都可以正常营业。

帐篷里面的设施和三星经济型酒店差不多。这个营地在一个大型文旅项目奇幻谷里，有很多配套的娱乐设施，给用户提供了很多附加价值。

第七个阶段

小古城 Camp 这家营地开在杭州近郊，每周末只要不下雨，平均两天有 500 ~ 800 人来消费，门票为 50 元 / 人，投资额在 200 万元内（主要花在基建上），门票收入和装备租赁收入占营收的 80%。去那里的用户不仅有专业的玩家，还有很多家庭用户，其核心是：环境好，有水有树，停车方便，离杭州市区仅 45 分钟车程。

大型文旅项目造价几千万元甚至几亿元，门票也只不过 100 多元。而营地只要"圈"出一个环境好、地理位置有优势的区域，增大基建投入，收入就比较不错。这样对比，确实很"伤"文旅人。当然，两者的投资逻辑是不一样的，但核心都是用户是否来消费。现在全国有成千上万个景区，里面有很多闲置空间，利用营地这样的业态去盘活闲置空间，可以给景区带来流量。

第八个阶段

2022 年 8 月，我深度体验了 3 家不同类型的城市露营店，有开在天台的，有开在商场的，也有开在地下室的，感受非常深刻。

第一，大多数城市露营店，本质上还是一个传统的餐饮店，只是披了一件露营风格的外衣。

因为露营在当下代表着流量密码，而且露营风的设计装修端的投入相对来说没那么大，几十万元就可以搞定。

第二，城市露营店的一般逻辑是"日咖＋夜酒＋餐饮＋活动"，餐饮以烧烤和火锅为主。值得思考的一个现象是，即使出餐品质差，基本也不会影响生意。

我体验一家天台城市露营店时买了 368 元的双人套餐，出餐品质是完全不值这个钱的，让我评价的话，一定是差评。但其最大的亮点是商场天台边上有一个摩天轮，很多用户是冲着这个场景来消费的，老板做了一个 1314 元的求婚套餐，他说之前一个用户在他这里求婚花了 80000 多元。

从纯生意角度讲，虽然出餐品质差，但并不影响挣钱，因为他做的是一次性生意，投入二三十万元，目标是半年内回本，只要小白用户够多，就足够回本。你想想看，368 元的双人套餐，在商场里能吃到什么水平的餐饮？

第三，城市露营店的出餐品质好，一定是有助于复购的。我去的第三家城市露营店开在地下室，当天晚上外面下雨，但基本没有影响生意，现场有 50～60 人，我们 3 个人随便点了些烧烤和饮料就花了 400 多元，这还是在没有点酒的情况下。通常，在这样的场景下跟朋友喝点酒很正常。一瓶精酿卖四五十元，利润是比较可观的。

城市露营店的核心是卖什么？是卖场景和社交。来消费的基本是 4 人以上成群结队的顾客，我旁边的 6 个人点了一桌的烧烤，半小时过去了，那几个顾客还在拍照，桌上的烧烤根本没有动过。

场景和社交决定流量，而餐饮品质决定了复购率。

51CAMP 从 2022 年 11 月开始陆续布局城市营地，截至 2023 年 4 月，开业的有 4 家直营店，餐饮品质每个月都在迭代，我每次去吃，都能感受到品质的提升。2023 年 3 月，51CAMP 西嘉广场城市营地实现 30 多万元的营收，这还是在雨天影响下做出来的业绩。

2023 年 3 月，早安野宿的上海舞帐六釜露营餐厅城市营地，实现 48 万元的营收。2023 年 4 月，我又去体验了一次，餐饮品质与两个月前不一样了，其推出了一款 168 元的淄博烧烤套餐，味道真的很不错，让我在上海完成了"淄博烧烤"的体验。

第九个阶段

本以为每顶帐篷造价 30 万元算是奢华了，直到我看到了 Anadu 橄榄庄园每顶帐篷 50 万元起的造价，其打造庄园式的度假生活，客群精准，服务于高净值都市人群，也就是能自由安排度假时间的这群人。

项目总面积 100 多亩，只打造了 9 间客房，最小的房间面积是 70 平方米，最大的房间面积是 120 平方米，每个客房都配了一个 20 ~ 150 平方米不等的小花园。

高私密度是 Anadu 坚持的品牌理念。那天我住的是 100 平方米的房间，里面的布置和设计让我惊艳，你能想到的需求，都可以满足，有咖啡机、热水机、消毒柜、超大的蓝牙音响、VR影院、两台空调。

还有一个我从来没有见过的立式吹风机，管家告诉我，女性用户喜欢这个吹风机，因为可以解放她们的双手。

房间里还配了冥想垫，而且其造型是能完全贴合人的肢体的，因为我本来就有冥想的习惯，所以，这个配件很适合我。一早起来冥想完后看到外面的风景，真的太舒服了。

Anadu不仅硬件好，软件也很好，每个房间配了一个私人专属管家，从预订后的那一刻起，管家会全程跟进你的需求并提供定制服务。所有的事情你找他就够了，不需要再找第二个人，这种服务体验真的很棒。

Anadu呈现的所有东西，都在告诉用户，你是可以慢下来的。在这里，你可以重新规划时间，找到生活的本质，让原来的快节奏生活慢下来、停下来。沉浸式、自然式、管家式，是Anadu倡导的度假生活方式。

很多朋友问我能不能去这里参观学习，我的统一回复：其大门很隐蔽且是关闭状态，路过时人们大多不会注意到有这么一个地方，当有客人预订且到门口了，管家才会出来开门。其不希望其他人来打扰花了钱的客人，保证绝对私密。所以，想去那里学习的话，你可以带着朋友或家人去体验一晚。

第十个阶段

欧美的精致露营是什么样的？2023 年 1 月，我终于在国内找到了还原欧美露营文化的度假营地，这个品牌就是来自法国的户乐。户乐诞生于 1999 年，目前在全球有 90 多家连锁营地。

户乐在亚洲的第一家营地落地在浙江湖州，在 2022 年 10 月正式对外营业，占地 400 亩。

体验完这家营地，我发现原来国外的精致露营是这样的。

第一，整个营地的住宿单元有 100 多个，主要由木屋和帐篷组成。我最喜欢的是布谷帐篷，其主体由木屋组成，有宽敞的阳台烧烤区，一楼是休息区和独立卫浴，二楼是睡眠区。不同的是，它不是单单放了一张床，而是营造了住在户外的感觉，隔音也很好，那晚我睡得很舒服。

木屋里配齐了各种户外需要用到的生活器皿，鼓励你动手制作，还配了两台空调。有意思的是，通常在国内过夜的话，一般最多两个人，如果有第三个大人入住，是需要补费用的。但户乐的精致露营理念是，在户外是可以群体生活的，所以，一个木屋可以睡4个人，不另外收费，拖鞋配了6双。

第二，配套设施非常齐全，有酒吧、餐饮区、2个泳池、1个恒温池、1个无动力乐园，山里还有1个温泉池、2个野外桑拿房，旁边还有1个马术场、1条徒步登山道。

当时我看到那个野外桑拿房，以为只是摆设，结果真的可以用，温度可以根据需要自行调整，在野外竹林里蒸一蒸，是另外一种"风味"。

在这里，你能深深地感受到，真正的精致露营是慢下来，享受自然的那种惬意感。

第三，无动力乐园很好地解决了小孩子玩什么的问题，虽然在成年人的眼里，那些设备比较无趣，但在孩子眼里，那是探索世界、探索快乐的地方。那天我看着几个小孩在沙地里玩了一下午，完全停不下来。

第四，烧烤的配置很高端，炉子的标配是大品牌 Weber。当管家端上食材时，肉眼可见的高端，特别是标准化成熟，出品呈现价值感强。在吃肉时，我明显感受到用的食材是上等的，吃不出劣质感。

第五，每天会有教练组织各种户外活动，带着大家玩，有飞盘、烤棉花糖、徒步等。

总经理说，户乐在国外的营地，总部规定不让使用吹风机，因为功率大，不环保，但在国内，这是刚需。因为这件事情，两个团队辩论了好几轮。早餐，现在是偏法式的，主要以法棍、面包、沙拉为主，未来会根据国内的情况进行调整。这就是不同的文化差异。这个品牌的团队成员非常年轻，在露营行业里整体颜值比较高。

户乐的定位和价值是为渴望自由的都市人群创造全新的度假体验，让他们重新感受和自然的连接。

国内露营兴起是从精致露营开始的，然后慢慢出现了一大批打着"精致露营"标签的营地，但国外对精致露营的理解和国内是完全不一样的。

2023 年 3 月，我在杭州组织了一场 3 天 2 夜的线下标杆露营品牌游学活动，其中一站选择了户乐。当时费用都已经谈好了，可惜的是，活动当天晚上我收到户乐的临时通知，其表示不允许我们去参观考察。

第十一个阶段

营地的流量从哪里来？

源头只有两个。

第一，营地本身具备了差异化和特色。

第二，营地主理人在很大程度上决定了营地未来生意的好坏。

营地即内容，主理人即内容，内容即流量。

第十二个阶段

"露营快餐"VS"露营慢餐"。

如何做出有特色且具备差异化的露营餐饮？体验过这么多营地后我发现，营地要想持续挣钱，餐饮是未来的核心竞争力之一。

大多数营地一直在追求快：配餐要快，出品要快，效率要高。所以，大部分营地选择的是卡式炉和碳烤炉，因为这种炉容易制作，烧烤的速度也很快。

当所有营地都这么做的时候，就产生了同质化问题，而且很难从食材品质上进行区隔。例如，你用的牛肉更好，甚至进货价是别人的 3~5 倍，但烧烤用户多为小白，最后烤出来的效果可能和合成牛肉没有太大区别。

再好的食材，到了小白手里，也很难发挥它的魅力。我把这种现象称为"露营快餐"。

如何做差异化的餐饮？可以从另一个维度入手，做"露营慢餐"。这个慢，意味着出餐品质的稳定和升级。现在市面上已经有相关方案了，即美式熏烤，把大块的食材在低温下慢烤几小时，甚至 10 小时以上。这样烤出来的肉，外焦里嫩，切开肉块，还能看到粉红的肌理。

前段时间我去牛路野营体验，早上 8 点多起床，看到烧烤炉已经在焖烤肉块了，这是提供给中午预订的客户的，管家提前 4 小时开始进行焖烤。打开炉子，扑面而来的肉香，太诱人了。从上午开始准备，其他营地很少这么做。大多数营地停留在串串烧烤阶段，所以同质化现象突出。

还有丸露营、天际线自然营，其户外餐食出品已经迭代好几次了，现在美式熏烤也是标配了。我去丸露营体验过，厨师下午 3 点左右开始焖烤全鸡，晚上 6 点多端上来，口感非常好。

这就是露营的慢，通过慢体现出品质和用心，让用户体验到在别的营地无法体验到的露营餐食。

2023 年 1 月，我专门选了一家做美式熏烤的餐饮店，去尝尝焖烤 12 小时的肉是什么味道的。我点了两盘肉，一上桌就吃完了，那个味道太好了。牛肉入口即化，猪肋排焦香多汁，放入嘴里，有一种烟熏的果木香。这种味道，是卡式炉或碳烤炉无法呈现出来的，这就是时间的魅力。

有朋友问我焖烤 12 小时的肉与卡式炉和碳烤炉烤出来的肉有什么不同，我说这完全是两个不同的东西。

在"露营快餐"时代，焖烤式的"露营慢餐"是未来营地的差异化特色之一，也是核心竞争力之一，而且已经在一些营地被验证了可能性，说明好的户外餐饮是可以提高客单价和销售量的。

用户是愿意为好产品买单的，就怕你没有好的东西。做生意一定要持续思考：用户来你的营地与去其他营地有什么不一样？你为用户创造的价值有何不同？

不过，快和慢都是一种生活方式，没有对错之分。

第十三个阶段

不管营地前期规划得多好，最终的核心都是运营。每个行业拼到最后都会落在精细化运营上，必须下功夫，谁下得早，谁就能更早打造高品质，在客户满意度上有更大概率获得好评和推荐。特别是服务行业，功夫下得晚，后期成本会更高。

这里不是说规划不重要，最好的规划是运营前置，以运营思维去思考规划方向。

第十四个阶段

营地规划完、筹备完，从开业的那一刻起，营地才真正开始"成长"。它是会随着时间变化而变化的，创始人心术不正，它就会越长越偏，越来越差。如果创始人有正知、正念，奉行长期主义，这个营地就会越来越健康。

我经常会被问到"现在入局营地行业，还能不能做？能不能赚钱？"其实，没有不挣钱的行业，只有不挣钱的人，几乎任何一个行业，都是如此。

第十五个阶段

不要总是从 0 到 1 做同一件事情。更可怕的是，很多人没有意识到这个问题的严重性。

我看过太多类似的事情，把营地从规划、筹建到最后运营起来，实现了从0到1，生意也不错，顺利出圈。接着会有陆陆续续的项目主动来找老板，这时他可能会犯迷糊，一下子可选择的太多了，认为自己很有能力，也不去深度思考和自省，然后又"认真"地重新做一个项目，再实现从0到1。

这样反复循环几次后，看似是在积累，其实是在不断消耗，老板会发现自己越来越累。

根本原因是，老板没有想过自己要什么、想成就什么。

好的商业模式，一定是越做越轻松的。前期累很正常，一直累，越干越累，绝对不正常。这恰恰是大多数老板忽略的地方，他们是感觉不到的，他们沉浸在自己的世界里，实际是在假努力、假积累、假沉淀，反复从0到1做同一件事情。

以上是我这一年多来，不完整地阐述的对营地行业产生的十五个阶段的认知变化，相当于平均不到一个月就发生一次认知上的迭代更新，这个速度非常快。因为很多人的认知更新速度只有半年一次，一年一次，甚至更久。

第四章

51CAMP：从营地到露营车

CHAPTER

4

截至 2023 年 4 月底，51CAMP 是众多做连锁营地品牌中唯一一家自己拥有 30 多家直营营地的连锁品牌，如图 4-1 所示。创始人孙海涛在没有入局露营赛道前，已经做过一家上市公司，他是互联网人，又是一名资深的产品经理。因此，当他入局营地时，天然的基因一定会促使他往更高的天花板去想象露营赛道。本章将会帮助你看到，在这个维度下，露营行业的未来会是什么样的，以及 51CAMP 的现状和发展方向。

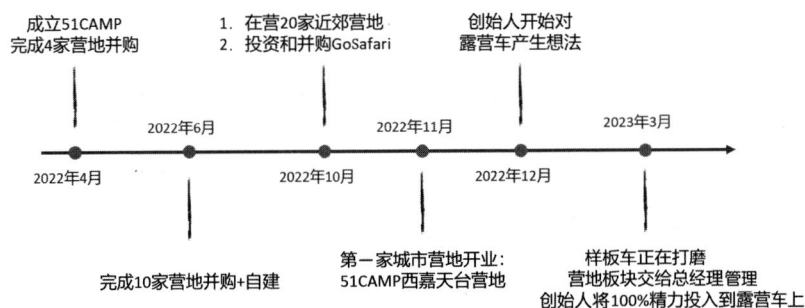

图 4-1 51CAMP发展时间线

|**访谈时间：2023年2月和4月**

⊙**访谈嘉宾：孙海涛——51CAMP创始人**

一、各种模型的快速试错

井凉：现在51CAMP的营地已经开业的有多少？正在筹备的大概有多少？

孙海涛：现在应该有30～40个营地已经在运营了，筹备中的有10～20个。

井凉：这些开业的营地有没有区分直营和加盟？

孙海涛：营地现在是没有加盟的，全部是直营的。因为目前营地还在创新阶段，必须确保营地品质和内容是能直接管控的，所以还没有开放加盟通道。

井凉：你们2023年的目标是做多少家营地？

孙海涛：营地目标原计划比较多，后来把目标调低了。以质量为准的话，大概能做到100家。

井凉：目标调低的原因是什么？

孙海涛：营地的复制性中有两个标准化的问题。第一个是原来营地运营的质量怎么样；第二个是营地天然属性的标准化程度比餐饮、咖啡馆要低很多，扩张过快就会带来很高的内部成本。

井凉：2022 年，新开的营地主要以杭州及其周边城市为主，2023 年你会重点布局哪些城市？

孙海涛：2022 年，营地主要开在杭州周边，以浙江为主。当时最重要的是想验证一下网络效应。例如，在 1 个城市，开 10 个营地，与在不同城市开 10 个营地相比，它们带来的规模效应和网络效应有哪些区别，这就是我们验证的事情。

井凉：这个结果目前出来了吗？

孙海涛：在数据上不明显，但是基本上能看得出来，网络效应是有的，但可能不够强。

第一个是规模效应。营地越多，总部成本的增长就比网点的增长慢。因此，只有规模大了，总部成本才能分摊。

第二个是用户到一个营地来的频率永远是固定的。如果周边有质量好的营地，用户认可了你的一两个营地，他大概率就会去你的第三、四个营地。

我们最早卖 200 多元的会员卡，用户一年可以去营地 12 次，卖爆了，卖给了几千人，这些用户就是典型的网络效应带来的铁粉。

井凉：2023 年营地重点布局的城市是哪里？

孙海涛：我们已经布局了广东，对 GoSafari 也做了一个战略性的投资和并购。在成都我们开了一个分部。未来西南地区以成都为中心；在华南地区，如广东、海南，会以广州 GoSafari 的运营团队为中心。

井凉：杭州不会有太大的动作吗？是因为 2022 年已经做得差不多了吗？

孙海涛：也不是。我们 2022 年做得比较多的是近郊营地，在杭州周边其实我们一直也在探索城市营地。

到目前为止，城市营地的商业模型和复制性会比近郊营地高很多。开城市营地的时间是 2022 年的 11 月和 12 月，当时已经很冷了，进入了淡季，即便如此，开业以后也火爆了很长一段时间。

2023 年，我会在杭州把城市营地模型再复制 4~6 个，同时，在其他城市也会增加这样的城市营地业态。

井凉： 51CAMP 这个品牌现在有一个明确的定位吗？还是说，还在变化中？

孙海涛： 目前还在变化中，因为品牌的定位需要验证这个市场的需求。从自身探索新的业务来看，我也希望寻求一个高标准化程度、高复制性、营收规模可扩大的业务模型。

定位是，把它从一个以自然风光为主的近郊营地，扩大到以城市人群为主的城市营地，在城市周边和城市内部，用户就能够体验到近郊营地带来的户外露营体验，这是一种创新，目前来看也是个机会。

井凉： 当时你为什么想进入营地这个行业？

孙海涛： 最初是因为自己的兴趣爱好，其实跟我公司的业务完全没有关系，我想去尝试一下全新的业务，再寻找机会。不管它本身是什么样的业务，哪怕很传统，网络信息不多，我都愿意尝试一下。

我是从 2022 年 3 月开始跨界到营地这个新的领域的。当时我就在网上搜索了很多内容、社群，也是这样找到营地会的。我觉得跟营地会的人沟通和交流，一定能得到浓缩的行业内容，也能避免因为不够敬畏一个新的行业而踩坑，从而付出巨大的"学习"成本。

井凉： 除了露营这个板块，你当时还有没有考虑过其他赛道？

孙海涛： 倒没有。因为在 2022 年初有疫情的因素和市场环境的因素，所以虽然我们公司"子弹"还是充足的，但是在这适合观察的一年中，我只是出于自己的兴趣和热爱尝试着走这条路。

当时有好多声音说这个行业回本周期很短，投资后 3 个月至 6 个月的时间就能回本，而且网上的视频中，营地里到处都是人，生意很好，这也是一个大误区。这个行业真的有这么好吗？是什么原因决定了它不能够快速复制和扩展，我也很想找到原因。

从内容上是看不出来的，没人告诉你它真实的所谓的回本算法。它的投入回报周期是多久，哪些东西算投入，怎么分摊等，这些也没有人做过，也没有相关资料，因此也算一个行业的探索学习。

井凉： 在过去一年 51CAMP 的高速发展中，你得到的最大的一个教训或踩的坑是什么？

孙海涛： 今天来看，这个行业最大的问题应该是营地的土地性质。因为原来是没有营地行业的，找一块没有被规划的土地拿来做营地的经营，坑就是不同地方的土地差异化特别大。例如，这边的土地你以为产权是很安全的、很稳定的，但事实情况是你跟对方签好了合同以后发现土地的产权不稳定，对方根本就没办法确保土地长期稳定。

这里就会有很多问题，你签了合同，付了很多钱，做了很多基建的投入，但最后发现产权问题会影响经营，这是我做营地之前没有预料到的。

例如，你找营地主把这个土地盘下来，营地做好了，然后发现它背后的土地产权原本归 A 公司，但又会冒出来 B 公司说土地产权属于它，这些纠纷其实都是营地不能很好运转的一个原因。因此，当营地越多时，问题就越多。营地很少可能就碰不到这些问题。

井凉：营地事实上有可能做到标准化吗?

孙海涛：我们目前直营 30 家营地，在数量和规模上，已经很冒进了，成本也很大。从现在的数据来看，我觉得标准化的希望肯定是有的，只是我们还在努力，但是这个代价很高，因为总会遇到新的情况，如美学设计、服务标准，各个地方的地形不一样，这些东西都是业态带来的不标准化的地方，而且也很难标准化。从现在来看，标准化程度可能远低于我对业态的预期。

井凉：你是一个户外爱好者，以你对露营产业的理解，2023年和2022年相比有什么变化吗？

孙海涛：有些变化，我觉得露营产业依然是一个在主流价值观上，给用户的生活带来健康，让用户变得更好的产生。

从我自身来讲，我觉得更多的是判断产业的增长速度和规模。原先我以为增长速度会很快，现在我调整了预期。当然这个增长速度主要来自我们自己对成本和质量的判断。如果质量可控，营地可以开得更快；如果回收模型稳定，营地也可以开得更快，无非就是算一下有多少收入能支持再拓展。我之前是比较激进的，2023年会更加谨慎一点，会更加重视质量。

井凉：51CAMP建营地时，成本回收会按照多久来算？

孙海涛：我们内部把基础建设，类似于木屋、电缆这些基建按3年来算。其他的东西，如地上的可移动物品就作为消耗品，例如，桌椅、帐篷会发霉，要去更换，包括防腐木也会烂掉等。

井凉：依照打磨的这个模型，你认为一个营地的营收达到多少会比较健康？

孙海涛：例如，我往营地投了100万元，不管这里面的结构业务有什么区别，但是整体上我希望当年能有 200 万元的营业收入，这是我之前对这个模型偏理想的数值。

事实上，因为我们的经营周期才半年，有些营地才经营几个月，人力还在准备，所以从目前来看，这个模型可能理想化了一点。因为收了 200 万元回来，不意味着你的本钱回来了。这里面还有很多成本，如 10% 是地租成本，20% 是餐食消耗成本，15% 是人力成本等，这些东西没有算进去。

因此，按投入产出比计算，产出指的是营业额。之前投入产出比按 1∶2 来算，而现在我们要做的事情就是修改这个数值。如果投入产出比是 1∶1，那大概率就不太理想了。

二、露营的归宿不是营地

井凉： 之前跟你聊过，你说最近在研究露营车 Vanlife Car，说露营的最终归宿是露营车，为什么你会产生这样的想法和行动？

孙海涛： 可能是因为我自己的实践。2021 年我做木工，后来去做露营。我觉得很好，在这么好的地方搭个帐篷，就能体验户外生活，还有很强的社交属性可以传播。

我当时用木头做了一个木屋，就觉得三四万元就能建一个不错的住宿单元。那我们自己做一个小木屋，大概的投入为 6 万元到 8 万元，再把厕所的配置弄好一点，也就 10 万元。我住在木屋里面，虽然空间很小，才几平方米，但是居住体验、安全性、舒适性都会比露营帐篷好得多。

因此，我觉得如果在营地中，在预算足够的情况下，建木屋这种住宿单元，无论是从美学属性还是从资产保值性上来讲，成本应该会高很多，我觉得这可能是露营的一个天花板。我是这么想的，它最终会变成我居住的地方。

如果我自己买个帐篷，它的优势是移动性强，我可以到各个美好的地方露营，体验不同地方的美好。

如果有一辆车，它的成本很低，而且能够达到木屋品质，也就 10 万元左右的成本。如果把它的美学属性做得跟木屋差不多，那么可以将它理解为一个带着轮子到处跑的东西，而且还是电动的，就像新能源的电动储能方式，这就是一个移动木屋。

我觉得这可能是露营的未来。露营车跟 SUV 尺寸差不多，具备日常的通勤属性。无论是周末到郊外营地玩，还是长途旅行，它都能支持，我想这应该是具有革命性意义的一辆车，这就是我对露营车的思考。

井凉：露营车这个事情你研究多久了？

孙海涛：一个多月了。一开始我觉得这是一个不靠谱的想法。但我刚好接触到做汽车设计的团队，杭州也有很多做电动车、燃油车改电动车的技术团队。他们过去的项目发生变化了，来跟我聊。我刚好又碰到一些车厂，就与其谈了一下，我们既拥有露营的美学设计体系，又有互联网的用户基础，就想去尝试着设计这辆车。

我计划六七月份把样板车做出来。等设计图样图和车厂战略合作做好了，就做发布会。可能在九十月份用户就可以在网上预订了。

井凉：这不就是房车吗？

孙海涛：房车使用频率低，体积很大，根本没法成为通行车，没法进入地下车库，又很贵，远远超出用户预期。

我设计的车型，在体积上较小，高度是 2 米左右，不超过 2.2 米，它是长轴距的，跟私家车差不多。私家车可能是 4 米多的，如 4.5 米、4.8 米、4.9 米。

我们要做一辆露营车，选的车型很有可能是 5.2 米的。长一点，空间足够大，6 个人坐也很方便，后面还可以放足够多的露营装备。这辆车还带升顶，意味着你可以在车里面站起来，可以在车顶上睡觉。而洗浴系统，不像传统房车在车里划一个硬空间，而是用扩展的方法，用露营的方法去实现。

这样的车可以上路，上下班都可以通行。体积跟私家车差不多，颜值高，让你一看就被惊艳。它不是房车，因为房车使用频率低。我认为中国不具备房车的基础环境、网络配套，这也是中国房车是一个很小众的市场，无法大幅增长的原因。

第一款车的价格我会把它定在15万~18万元。第二款车我想做10万元，希望它是露营车界的小米。这辆车的设计观，我在朋友圈总结了一下：美学第一，里里外外都要好看；成本第二；功能第三。

井凉： 51CAMP在2022年大概营收多少?

孙海涛： 应该在3000万元左右，我还没有看汇总数据，因为很多营地是在这个过程中慢慢开拓出来的，而且还没有经历完整的一年，其实没有什么参考价值。

井凉： 之前你已经做出了一家上市公司，这份经验对你现在做车或做营地，哪些是有帮助的，哪些是无帮助的?

孙海涛： 首先做规范性的营地，这会导致成本上升。因为单个营地业态比较小，一个小营地的营收只有一百多万元，大一点的营地营收为三四百万元。无论你怎么做，它的空间都有限，因此在省钱上面有劣势。

要做上市公司，做一个业务，最重要的是判断它的规模能不能做大，以后会不会带来更高的效益，因此，我们更重视这个模式和由此产生的网络效应、规模效应带来的价值。

我们一边复制营地，一边寻找能扩展的营地，以及能多开几家营地的方法，包括尝试去做创新露营车项目，也是基于这样的考虑。要有规模，要有增长性，未来要很明朗。

井凉： 现在51CAMP有对标的行业或品牌吗？

孙海涛： 通过对营地的思考，无论是近郊营地、城市营地，还是露营车，我觉得对标的都是我想象中的第三空间。

这个第三空间相当于星巴克在中国某个阶段给人的认知。现在人们不是在办公室上班，就是在家里看电视、带娃，那么第三空间在哪里是最合适的？对过去的白领来说，那个地方就是星巴克。对今天的宝爸宝妈们来说，可能最好的地方就是营地，只是营地有点远，他可能会在周末去。我现在把营地开在城市里，希望大家非周末也可以来，可以来吃饭，可以来遛娃，也可以来喝咖啡。

如果有露营车，我随时都可以高频使用移动的第三空间了。晚上加个班，我可以坐在自己的车里，这个车可以停在地下车库，也可以停在马路边，让人很舒服。

井凉： 你现在又做车又做营地，这其实是两个不同行业。你的精力有多少是放在车上的，有多少是放在营地上的？

孙海涛： 我现在就是在进入一个新行业，肯定是非常累的。像这几天我吃饭都是赶的，时间表被排满了。业务最好的时候，时间是不够用的，我都没有时间发呆想事情了。现在闭着眼睛我想的都是车的问题，用户为什么要买我的车？我能控制好价格吗？

原来我还在网上搜索文章看，能看到营地会的文章，现在这个时代已经发生了很多变化，想要进入一个新的领域，可能更多的是搜索抖音里的各种玩家、专家、博主的观点，各种各样的信息要学习、分析、消化。这就是进入一个新领域要付出的时间代价。

我之前可能有 60%～70% 的时间在想营地，怎么标准化复制，怎么决策，要不要投资营地，现在可能这个工作已经有一定的套路和标准了，我的同事就可以来做了。

做露营车也是一件很重要的事情。我要身体力行，去研究，去走访，去把控每个细节。

如果营地板块有重大的投资决策，我还是会参与的。因为在营地经营过程中其实不怎么花钱，把客户服务好，没有投诉，投入较少，营地的扩展才是最重要的。你要拿营地，可能投入几十万元，几百万元的，还有更大的。例如，在做三亚的营地时，我投入了五六百万元。

我也在探索超级目的地型的营地。年前我跟几个同事去了成都，有个地方叫牛背山，海拔很高，让人产生高原反应。那时天气很冷，在山上呼吸都困难，有人在组织活动，共200多顶帐篷，都住满了。当天我们就准备走了，因为那天山上都是雾，什么都看不到。后来我们决定住一晚，第二天早上就看到了云海和日照金山，很震惊，这就是我对超级目的地型营地的感受。

井凉： 2022 年你投资了 GoSafari 这个广东本土的营地品牌，当时你为什么去投资这个品牌？

孙海涛： 这里面有几个契机。我在做营地的时候，有个朋友叫沈爱翔，他是做 SaaS 的。他为我介绍了个朋友，也是投资人，然后就把 GoSafari 的老板介绍给我了。我觉得这个老板很务实，很有思想。那时候我错误地以为营地不应该走高端路线，觉得它应该是大众化的，这可能也是我自己的偏好。

今年刚好我们去 GoSafari 的营地体验了一下，两个营地都去了，都有很多团建的客人，也有在度假的客人。我发现这套住宿标准、服务标准和美学标准，面对的是中高端人群，非常精准，而且运营的效率比我们现有的大众化营地高，回报率也高。

最关键的是营地入住率，可能由于它本身在广东，它的经营周期较长。例如，杭州的经营周期可能就 100 天，广东可能有 120 天，广东的经营效率就提高了 20%。

看了这些数据，我觉得模式是好的，是可以在很多地方复制的。所以我们也在探索，看看这样的经营模式能不能在浙江复刻，在我们的营地体系里能否提供这样的服务和产品。

井凉： 对于年轻人创业，你会有什么建议呢？

孙海涛： 就像小马过河一样，你再怎么说要小心点，他该冲还是要冲，该试还是要试。选择创业的人最大的一个优势就是，自己独立承担风险，自己独立思考、判断。

所有的建议，所有的提醒，对他来说只是一个参考，他还是要自己完成冒险之旅。这种探险精神，这种自己承担风险、独立思考的能力，是创业者难能可贵之处。

对我来说，创业的频率其实很高，我在不同的阶段都做了创新的业务。其实现在来看，想做的大部分创新都是失败的。有人说，悲观者往往正确。

一个新的想法产生了，如果别人马上泼你冷水，大概率你的想法就是对的。创业者真正取得巨大收益的，大多是被泼冷水多的，成功概率比较低的事情做成了，就会有很大的收益。因为大部分简单的、容易被认知的事情，玩家有很多，竞争对手也很多。因此不怕被泼冷水是创业者要具备的基本素质。

井凉：51CAMP 未来的大方向、愿景你想过吗？

孙海涛：我想突破它的边界，例如，最早对 51CAMP 的认知，就是在城市周边风景美的地方开很多营地。我们实践完以后发现，不只是在风景美的地方，在城市内部，只要有可以创造出跟营地效果类似的体验露营的地方，我们就可以提供营地。

后面，我会尝试让每个营地都成为我们创新复古露营车的体验网点、租赁网点。客户可以尝试住在车里，也可以把这辆车开回家，先租一周或一个月时间体验。如果客户体验感很好的话，他就可以在我的营地下单，在网上下单，去营地里也许可以免费住，也可以让营长帮他一起改装这辆车，等等。

我希望它的服务可以更加多元化，业务边界更大。之前是说，客户来露营，我给他提供服务，他印象很好就会加我微信。到后面可能是，他可以到我这边租一辆车，可以到杭州周边去旅游。假设他家的车都比较小，一家有老有小，国庆期间，他就可以租这辆车，把所有的营地美景、旅游目的地都跑一遍，不用每天赶回住的地方，那么它的业务边界就会变大。

从这个意义上来讲，51CAMP 其实是服务于有这种生活方式的、爱这种生活方式的人的，他能够在我们提供的空间里获得体验。

井凉：未来，在营地的数量上，你会有追求吗？例如，3 年、5 年后，你希望营地能达到多少家，是 500 家还是 1000 家？

孙海涛：我之前的预期是超过 1000 家，这是值得做的生意。如果明后年模式和业务稳定下来，服务质量可控的话，再把低门槛的加盟通道打开，做 1000 家应该是不难的。

三、露营车，也许是行业的终局

井凉： 2023 年 3 月以来，你的露营车进展如何？

孙海涛： 最近车的进展挺大的。我们和车厂推进了商务合同，建立了框架，也跑了大概 50 个重要的供应商，如座椅、车机系统、玻璃、车顶、改装、塑料件等的供应商，搞清楚了造车的难点。

造一辆车的成本，其实比我预期的高，因为遇到的挑战越来越多。如果删减了一些需求，车企要再进行个性化开发。而且国企开发一个新东西往往需要投入很多时间和人力。同样的事，我们可能 3 个人就能干，国企可能需要 13 个人去干。

现在我们优化了原型车，它可以用手机远程启动，座椅可旋转。我们每周都会举办线下聚会，以更深入地了解玩家的需求。

不只是出厂前的设计，出厂后还有很多东西要设计，这是获得收益的关键点。但是收益比较有限，因为细节很多，如空间的需求、颜值的需求，在造车之初信息繁杂。

汽车与其他商品不一样，其涉及人的生命安全，法律法规的约束很多，所以很多创新是行不通的。

比如装一个电器，它在其他场景能应用，但是在车上是不能用的，原因是它在 -20℃就会坏。如果你认为某个零部件很好，你就要拿出它能在 -20℃场景下正常运作的报告。甚至有时候你去检测，花了很多钱，最后无法通过检测。

为什么车企创新很慢？因为造车条件苛刻。我们要做的事情，就是去识别苛刻的条件，实现业务和产品上的想法，找到能在汽车出厂前搞定的部分，能提前搞定一半的部分，以及后面可以通过改装设计流程来解决产品创新问题的部分。

井凉：这几个月来，你有没有打过退堂鼓？

孙海涛：没有，反而越来越有干劲。之前我觉得遥不可及的事情，现在越来越近了，就差这么几步了，我更加兴奋了。

原来在车厂开会，我就只是拍脑袋，说年底交付 1000 台，在最后一个季度生产出来。当时我知道这是不可能实现的，但从现在来看，我先提出一个高目标，接下来通过努力还是有可能实现的。

井凉：站在资本的视角，你如何看待营地的发展？

孙海涛：站在资本的视角，我觉得现在营地的问题是，现实环境导致它很难快速复制，甚至不可复制。好的营地是不可复制的，即使成功复制，营地早已不好玩了。

你看度假酒店，同样是一个品牌，标准化水平就很高。酒店有很多客房，订房量很大，生意就好，它的回报是能覆盖创新的，但营地是不具备这种能力的。因为单个营地的规模、盈利能力，导致它没有太高的附加值，无法整合标准化内容和个性化内容。

现在我们不敢投资太多营地。原来我们的三亚营地计划投资800万元，但问题较多，即使立项通过了，我也不敢投资。

西湖有一家营地刚开了一个月，试营业期间，每天营业额超万元。结果产生了污染问题，楼梯也不安全，我们就必须处理不安全的地方，再去经营。

如果是饭店、咖啡馆就会好很多，营地的业态比较个性化、差异化，很难找到对标企业。

井凉：全国有那么多景区，其中有很多空间是闲置的，你会考虑去景区里做营地吗？

孙海涛：我分析过这类营地，当时有一个在景区里的营地非常漂亮，我想收购它。但我发现一个问题，园中园的营地大多"寄人篱下"，主控力较差。

所以后来我基本上不考虑园中园了,那是在别人的屋檐下做营地。

营地永远有这个问题,即说变就变。所以,经营好的营地是什么样的呢?负责人要把合作条件谈到很低,让对方负责基建,就会很快获得回报。

像有些营地老板,他成功说服了开发商,把基础建设弄好,自己花很少的钱入场,市场一旦火爆,就会很快获得回报,但是很难复制。

我上次算了一笔账,其实扩张会导致亏损得更快,因为你的管理成本远远大于经营收益。我们的营地要开到30~40家且进入成熟状态,才能覆盖总部人员成本,才能保本。

井凉: 现在你的总部有多少人?

孙海涛: 我们在控制成本,降本增效。之前我在管的时候有40多人(目前60多人),按人均1.5万~2万元月薪计算,1年就要1000万元左右的人力成本。

2023年我主要在做露营车,很少参与营地的运营,但也会分享重要信息。

以前我最担心的一件事情就是，营地到底能不能进行标准化复制。现在我差不多有了答案，营地的复制难度很大，归根到底是法律问题。因为从法律上来看，没有一个业务叫露营，更没有一种土地叫营地，这些都是基于现有的经营环境所产生的新业态。

井凉： 基于现在的情况，2023 年的营地数量会激增还是会剧减？

孙海涛： 增速会放缓。因为我发现营地多了以后，管理跟不上，该标准化的没有标准化，有一些失控。例如，有些营地的营长干得很好，但他没有从一个小的营地营长晋升为大的营地营长，这就是人力浪费。干得很差的人，过了很久老板才知道他干得差，这反映的是效率问题。

我原先计划开超过 100 个营地，是以可以标准化为前提的，但是现在我发现标准化程度很低，所以，现在我提出了新的标准化方向，目前还在实践阶段，需要过渡。

第一个方向是，我想用我的露营车来实现露营地的住宿单元和派对单元的可移动。有些地方想让我们去做营地，但环境相对没那么好，我就不敢投资。但如果我让 30 辆有电、有居住空间的露营车进去，如果到时候对方不允许，车直接开走就行，资产很安全。

第二个方向是，构建会员体系。

其实露营行业的门槛很低，不需要太多投资，利用资源关系，很快就能经营一块地，不管这块地经营周期是半年还是一年。这样的公司很多，但我们公司不能这样，因为这意味着要承担很大的风险。

这个风险可以分摊到每位个体经营者身上。因为个体经营者要创业，他们有热情，也敢于冒险，可以实现双赢。

我和这些个体经营者谈合作，对方给我几十个营位，贴上我的牌子，用我的标准，用我的供应链。但对我来说，这个业务是没办法赚差价的，能够保本就不错了。

核心是构建会员体系，这些营地用我的会员卡，用我的体系。目前我们的私域用户已经有 20 万人了，我们尝试在会员体系里卖车、租车、卖营地通票服务等。

营地通票服务，即用户买了服务后，可以去很多营地。我们去谈 100 个、1000 个营地都可以，就不用冒着运营 100 个营地的风险了。如果运营 1000 个营地，每天可能有 10 个营地出现各种各样的问题。

纯靠营地运营是赚不到钱的，因为营地的成本高，毛利低，你养五天的人，才能做两天的生意。

这个行业还远远没有达到可以标准化的程度，整个行业还处于"各自练功"的阶段，无法更好整合。

4月和5月是旺季。4月之前，天气比较差，虽然城市营地每天客人不多，与餐厅相比，感觉要倒闭一样，但是每天都有几千元的营收，最后一个月有30万~40万元营收，这就是一个好生意。

反而近郊营地多数时候都没有客人。周末近郊营地看起来人非常多，但是人流量爆发也就两天时间，遇到刮风下雨的情况，还会少一天。

井凉： 城市营地的生意最近怎么样？

孙海涛： 城市营地是做团建和小团体聚会的。像我们西溪首座城市营地，周边是办公园区，用户消费力很强。但是周末它又变成儿童乐园了，很多家长带着小朋友来。

前段时间每个周末城市营地都会为小朋友举办生日Party。宝妈这个群体复购率是很高的。一个宝妈来这里定制"生日趴"，宝妈之间也会相互推荐，下次她们又会到这里来定制"生日趴"。

城市营地的租金成本也是一个问题。西溪首座城市营地算比较特殊的，本来它是我们的总部一楼，空着也是空着，如果按市场租金计算，100多万元一年，一个月约10万元，也就意味着一年做500万元的生意是不够的，至少要做1000万元的生意，因为理论上租金不能超过营收的10%。

因为大部分客人吃饭都是自助，所以人力成本会稍微低一些。

最近杭州准备新落地一个城市营地，旁边原来是老澡堂，租金是40万~50万元一年，如果在这里能够验证城市营地的可盈利模型，复制性就要强很多。

在整个商业形态中，营地虽然代表一种生活方式，但依然还是一个很小的业态。如果像西溪首座1000多平方米的城市营地变成一个餐厅，一个月营收也能几百万元。

井凉：51CAMP到底是什么？

孙海涛：我认为它代表着进入一个新世界，一个关于露营生活的世界，有近郊营地、城市营地、超级目的地型的营地，还有露营车。

井凉：严格来讲这是户外生活，还是露营生活？因为从品类上看，你描述的与户外生活更相关。

孙海涛：但是户外生活范围更广，我觉得户外生活对中国人来说可能距离较远，毕竟户外生活有点小众化。

你不能说出去打篮球也叫户外生活。户外生活指周末去爬山，去很远的地方，是很累的。你有没有发现中国人对露营生活的认知是什么？是轻松，是在外面吃吃喝喝。

我想说的是，在中国人的认知里，露营生活可能代表着更大众化的一种趋势。我认为，虽然从理论上讲，露营是户外生活的一种，但是从接触用户的角度来讲，露营离大众更近，而户外生活离大众忽远忽近，或者说"户外生活"这个词语已经被标记过了，不容易被大众精准定位到。

井凉的小结：

孙海涛有一个特点，他会不断地进行自我否定，比如前脚说自己不喜欢户外版的民宿，后脚就把人家并购了。敢于在公开场合承认自己的判错是错误的人其实不多，因为大多数企业老板的执念很深，默认自己过去的经验和认知是正确的。

2023年2月和4月我分别对孙海涛进行了一次访谈，他一次比一次难约。两个月里,他在全国跑了几十家供应商,探索露营车的解决方案。

前几天,我参加了他的露营车共创会,共创会每周组织一次,邀请 10 位左右玩改装车的用户及露营资深玩家一起探讨共创。在共创的时候,我担心他把资深玩家的建议作为决策依据,因为这样做出来的露营车极其小众。

后来他跟我说,先听玩家的声音,再听小白的声音,还需要听到更多人的声音。

我对这辆车的期望如下,它能成为年轻人的第三居住空间,甚至是首选的居住空间,住得舒服又能通勤,周末还可以开着它去近郊露营。如果有这样一套解决方案落地,将有可能解决社会问题。

孙海涛要做露营车这件事情,引发了我的一个思考:是不是在"子弹"充足的情况下,人的想象力大概率也会更丰富呢?

露营界梦想家：4个营地1亿元估值

CHAPTER

5

2023 年露营行业的第一笔融资出现在 4 月，星系集团及旗下营地项目以 1 亿元估值获近 4000 万元融资，由璀璨资本领投。

星系集团旗下的第一家营地——星谷成立于 2021 年 10 月，2022 年 5 月试营业，7 月正式对外营业。星谷创始人李海波经过 2022 年一年的思考和沉淀，在 2023 年 3 月联合拓邦集团成立了星系集团，星谷作为旗下的子品牌之一。除了星谷，星系集团还有星云、星辰、星空等，如图 5-1 所示。

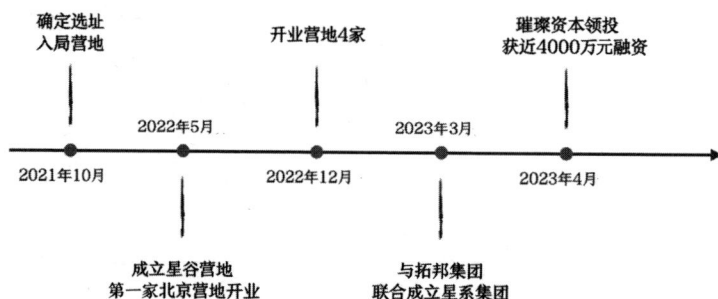

图5-1　星系集团发展时间线

2023 年星谷计划做 9 家营地，打造 9 个不同风格的样本标杆，有山系、海系、湖系、公园系、城市系等。

2023 年 4 月 2 日，我到北京李海波老师的家里拜访，深入交流后发现，他是一个追求极致的产品经理，家里的设计感非常强。在没有入局营地前，他陆续设计过几百个作品，从台灯到电子产品、创意玩具、文具等，有些拿了德国红点奖；有些销售量过百万件；有些卖不出去，成了"绝版"。

李海波也是阿那亚的业主，深受阿那亚文化的影响。他的大目标是做露营行业最具文化属性、美学属性、服务属性的公司。

"超级节点"是星谷 DNA 中最独特的部分，李海波老师除了是一位深度露营爱好者、"斜杠青年"，还是一位梦想家。他将自然人文主义理想与互联网思维相融合，筛选每个领域的佼佼者，让其进驻星谷变成主人，让他们的理念与创意透过不同的业态自由生长。

| 访谈时间：**2023年4月**
⊙**访谈嘉宾：李海波——星系集团创始人、星谷主理人**

一、营地是一个超级链接体

井凉：当时你为什么会进入露营行业？

李海波：我在其他行业待了很多年，有很多方法论。当时我就在想，得找一个新行业重新实践一下。创业这件事有一种让人特别兴奋的感觉，把一件事情从 0 到 1 做出来，并且用你的经验推着它往前走，这其实和是否挣钱没有关系。

以前创业时，我做过很多很有意思的产品，如音箱、羊毛灯、玩具等。创作这些产品的过程，就是从无到有。所有产品在创作的过程中，要选对势、道、术。

当前"势"是什么？是大趋势，是红利。"道"是什么？"道"是我学会了的东西，以及做这些事的时候可以用相应的人。如果不满足条件，其实你是做不成这件事的。就像做音响的时候，如果没有合伙人，没有设计师，没有工程师，这个产品就做出不来。

我从喜马拉雅出来之后，也观察了很多赛道，如设计赛道、儿童赛道、图书赛道、茶叶赛道。后来我基于大势的判断发现，其实只剩下垂直市场细分这一个赛道。

第一，平台创业的红利期已经过去了。

第二，过去 10 年，消费开始分层了。升级的升级，降级的降级，在这种情况下，就不能再做单品价格过高的东西。像我原来做音响，客单价将近 6 万元，一年卖几千个。但现在，人们对于产品的要求变成了价廉物美——价格要低，品质要好。

好多人都误以为星谷的产品很贵，其实不然。2022 年我们做的是总体打包价，把 3~5 人的餐饮和住宿，打包成一个价格体系——2980 元一套。如果拆分到单人，再把餐饮拆分，我们可能是全北京最便宜的营地之一。

营地正常可以住两大一小或两大两小，我们提供一顿正餐、一顿下午茶和一顿早餐。

2023 年我们开始重新定价。因为在这样的价格体系下，会发现用户认为我们的定价就是最高的。

我们也做了大量的用户调查，大家反馈希望价格拆分。因为用户有时候觉得营地提供的餐食，可能并不能满足他们的需求。

现在我们设计了新的价格体系，非周末是一个价格，周末是一个价格，节假日又是一个价格。在这个价格体系中，我们又把它分成活动、餐饮和住宿板块。拆分完后，人均降到几百元，价格最低，品质最好，因此在这个品类中，我们就能做得非常好。

进入露营行业，是一个偶然。2019 年，我带着孩子和朋友一起去北京的天开自然营地。到了之后，我发现那里人山人海，大家体验的就是精致露营，我非常吃惊。整个国庆假期，我都待在那里。

从那之后，我发现原来还有精致露营这回事。

我以前也是露营玩家，但完全没有体验过精致露营，基本就是一个人背包去云南、西藏。这种背包露营，跟带着家人和朋友拍照打卡的精致露营，完全是两码事。

当时我还发现这个市场非常大，我认识的互联网高管已经提前跨到这个领域来了。大家聚会都选择了这样的营地。在发现这个趋势之后，我又观察到这种方式能把我过往所有的积累放大。

第一，人脉积累的放大。我特别爱聚会，虽然我有社交恐惧症，但特别喜欢聚会。以前在做记者的时候，我借着给联合国开发计划署做新闻培训师的机会，经常在家里组织聚会，欢迎各个国家的朋友。在过去创业的这些年里，我做过音响公司，在海趣、麦极、喜马拉雅、长江、中欧、水滴、混沌这些不同的商学院里，积累了大量人脉。要想做好这些人的连接很难，如果做一个普通的产品，是没有办法把他们聚在一起的。但是，营地这件事，能把这些人聚在一起。所以，我在做营地的这几年，把过往认识的这些人在营地几乎见了个遍，这本身就让我极为满足。

第二，能力积累的放大。在营地行业，我是一个新手，但我有几个东西是别人很难比得上的。一个是资源调动能力，不管是媒介资源、流量资源、设计资源、施工资源、客户资源，还是合伙人资源，都能够非常轻松地跨入一个很多营地创业者接触不到的圈层——中国真正的高收入群体。

高收入群体特别喜欢充满惊喜的玩法。无论是精致露营还是房车露营，对他们来说，都是一个惊喜，一个从来没有体验过的场景。

星谷为什么一直强调野奢？"野"是野外自然的体验，"奢"是让用户发现这个地方确实很舒服。另一个是美学，高收入群体对于美是有非常高要求的，细致到摆盘、颜值。

所以，在北京这个营地资源相对匮乏，供给较难满足需求的地方，出现星谷营地后，就一定会出现一票难求的情况。不管是不是短期行为，一时间星谷营地就会成为整个圈子里的自传播事件，不需要去做任何广告。这就是人脉匹配的效应。

要做成一件事情，团队是关键要素。只有概念和想象力，是落不了地的。

一般我投资、合伙的公司，经过 3 年以上合作的人基本都是各种同学。有的是大学同学，有的是长江商学院、中欧商学院和输出力商学院的同学。因为是同学，所以我了解他们的人品，对他们的能力也有正确判断。

当时我就发现了拓邦集团，它是星系集团最重要的合作伙伴之一。拓邦集团创始人杨谦是我的商学院同学，我是文创 +4 期的副班长，他是纪律委员，在做同学的几年中，我能感受到他的严谨、逻辑、野心和自控力。

我认为一个好的 CEO 有 5 个标准，杨谦基本上都满足。

井凉：哪 5 个标准？

李海波：第一个标准是这个人必须有野心。第二个标准是他一定要理性，不能情绪化。第三个标准是他要会思考，要有逻辑，不能乱来。第四个标准是他要有修养，爱读书，能够跟你产生精神上的共鸣。第五个标准是他一定要有极强的自控力，做好 CEO 是一件很难的事情，没有自控力是做不到的。

我的投资逻辑是投人。在上学时，我一直在观察谁具备这些要素。那时我发现了杨谦，就问他在做什么，他说他的拓邦集团在做营地。

这和我想做的事情差不多，于是我就抽了一个周末去了他的营地。我发现他对营地的理解和我以为的很不一样，虽然名为营地，但实际上拓邦集团做的是另一种产品。

井凉：你认为他的营地是什么？

李海波：他的营地更像一个以团建客户为基础的服务基地。在一个 2000 亩左右有山有水的场地里，他建了一个有宿舍、餐厅、运动场的空间，每天能容纳上千人住宿、搞活动。这里什么都有，如体育场、游泳池、皮划艇等，还配了一个团队带着大家做拓展训练，一日三餐都能在这里解决。

拓邦集团做的一直是整个北京团建公司的配套基地。拓邦集团还有两个公司，老船长和团建无忧，北京有上百家团建公司，它们能排到前几名。

虽然拓邦集团做的不是我理解的营地，但是它很有意思，基本上满足了我对做营地这件事情的所有基础需求。

第一，它有土地储备，还有几千亩没有动用的土地储备，就是星谷现在所在的山谷。

第二，它有完整的服务体系，无论是布草清洗整理还是餐饮服务、活动落地执行，都有几百人作为基础。

第三，它有一支基建的施工队伍。星谷的营地在建设过程中的施工工作大多是我们自己做的，省下了很多费用。

从整个体系看，我发现有土地，有管理团队，有服务团队，有基建团队，缺什么呢？缺的是对客户的认知。原来，团建基地服务的是公司的基层、中层员工，一个人一天两三百元，大家一起进行拓展训练。

团建生意是一个老生意，会一直存在，但它的客单价不高，增长率不高，而且是 2B 市场，并不是 2C 市场。

我们有机会做一个 2C 再 2B 的市场。为什么要回到 2B？很多人认为星谷营地的客户是 2C。没错，星谷的客户是 2C，我的客户在这里要得到很好的服务，要能获得很好的体验。但星系集团的目标是另一个维度上的。

现在星系集团已经成立了，旗下有星谷、星辰、星云、星空 4 家营地。过去的营地公司基本上以营收为目标，但是从住宿、餐饮、活动这三项看，大家能挣多少钱？

星系集团要考核的目标不是这三项的营收，而是从 C 到 B，有多少家营地和我们合作，这种合作有代运营、规划设计、产品合作，我们真正的规模营收实际上放在 B 端。

所以我们的客户是谁？是国企、景区、政府，我们要做的是已有土地资源的重新盘活与增长。

井凉： 星谷营地当时是怎么考虑选址的？

李海波： 还没去过拓邦集团的营地之前，我已经看过很多地了，有的风景很好，有的基建很好，但我为什么最后选了一个既没有风景，也没有基建的场地？还是因为土地的安全性。

第一，风景好的地方，没有纠纷的安全土地很少。

第二，基建好的地方，延续性往往比较差。

第三，拓邦集团的团队中有一个合伙人专门负责土地的使用规范，确保不违规。

这就是我们选择这块地的原因。

没有风景怎么办？可以创造一个场域，创造风景。北京比较缺水，我们这里山里有一条小溪，我们就扩大蓄水，将它变成 12 个湖面，用户在营区中就能看到有水有山的画面，这是北京非常稀缺的一个场景。

我一直在说阿那亚的例子。阿那亚的房子本身并没有多特别，但它的"视觉锤"很特别。"视觉锤"就是它的标志性建筑，如礼堂、图书馆、音乐厅。

我每次到音乐厅，都会觉得肃穆。那种震撼的感觉，让我觉得它不仅是一个打卡的景点，而是变成了"视觉锤"。

我深度借鉴了阿那亚，学习它的服务流程、与业主的关系、对自然的理解、对美学的理解。阿那亚实际上不是一家房地产企业，而是一家文化企业。我们也希望能够用这样的方式影响星谷的朋友。

星谷在威士忌酒吧的设计、我侄子的怪兽车前台设计、餐厅设计和泳池的设计，以及剧场的设计上，都运用了大量设计师思路，使它们成为营地里的文化要素。

井凉： 从选址到试营业，经历了多久？

李海波： 2021 年 10 月选址，11 月 15 日施工，2022 年 5 月 1 日试营业。试营业的两个月，虽然星谷名义上是房车营地，但当时房车营地还没有开业。

本来我想赶紧开业，结果遇上疫情，房车的门窗运不过来。没有门窗，就没法接待客人，但当时我们的客人已经非常着急了，说没有门窗也要住，挂个帘子就行。

对于营地来说，如果错过了"五一"，就相当于损失了小半年的营收。

我抓紧找了好几个企业，拿到了正品的大白熊帝王帐篷。我对于帐篷一直是心有疑虑的，但要真做，就做到最好。然后突然发现我们成了北京地区第一家用大白熊帝王帐篷的营地。

每个帐篷都配备了完整的水电系统，还做了36平方米的平台，再把24平方米的帐篷扎在上面，等于每家有一个客厅。这种配置现在很常见，但在2022年上半年是极其罕见的。

2023年，我们用的31顶帐篷损耗率接近80%，现在剩下8顶能用的，其他全部发霉，霉还洗不掉，因为它是棉布的。

后来市面上出现了一些仿制的帐篷，外表一样，但材质不是棉布，而是化纤，这种材质完全不会发霉，能用4~5年，而且价格只有原来的1/10。

最先开业的是帐篷营地，那两个月每天人都是满的。帐篷的成本大概一两个月就收回来了，价格是1980元的三人套餐，含餐饮。

2022 年 7 月，房车的门窗到位之后，又十分火爆，因为大家没有见过这种类型的产品。

井凉： 你是指房车改装，对吧？

李海波： 对，我们买的是斯太尔六驱和八驱的重型卡车，用它们做底盘，然后按照 1000 多万元的乌尼莫克越野车的外观做改装，一开始定价是 2980 元 / 晚。本身主打的概念、形态、价格很有吸引力，大家觉得一辆这么酷的车得去住一晚上。

井凉： 这是周末的价格，还是工作日的价格？

李海波： 周末的价格，只有中秋节、国庆节做了一次调价，为 3980 元 / 晚。开业之后它就成了博主和明星的打卡点，因为太独特了，相关帖子非常多。其实我并不觉得是我的几个采访带火了这个营地，这只是导火索，本质上还是用户的自我传播。

因为产品形成了产品力，用户愿意去传播，但凡在星谷住过的人，一定会发朋友圈，因为它太独特了。

营地开业之后，我们在很多方面做了调整，比如增加了大量服务人员。

井凉：你配了多少服务人员？

李海波：首先，景区里有大量电瓶车给大家提供服务，这种电瓶车很贵，营地里面一般用得少。因为是乡村振兴项目，所以我们吸纳了很多村民就业，政府会给我们补贴。

其次，我们有很多实习生，签了几所高校。实习生的颜值高，服务态度好，文化素质高。每 3 间房配一个管家，有什么需求，直接找这个管家，他马上就会提供服务。

整个营区的服务人员有近 50 人，一般营地配这么多人是极其奢侈的，但我的成本并不高。

井凉：这 50 多人有多少是兼职的？

李海波：大部分都是兼职的。但他们在我们这里不叫兼职，而是来进行为期一年的实习的。全职管理人员只有 4 人，他们只需要做调配工作。

星谷今天真正在做的是，用一家技术公司的理念做事情。我们用几百万元开发了一套中台系统，今天办哪个活动，业主怎么分润，客户到了哪里，管家的职责等，都有一套管理系统。

为什么要用系统管理？在现在的规模下，人工管理更省钱。但是要管 100 个营地，就不能用人工去管理了，所以要先跑通这套技术。

未来 2~3 年，我都要进行实验。第一个实验是找到行业的创新模型，包括创新的管理方法、创新的复制方法、创新的盈利闭环。完成这个实验，再去放大。从 0 到 1 的实践过程是极为重要的，我还要在营地行业内创造不同。

当大家都在说营地的时候，星谷到底是什么？星谷的本质是什么？

井凉：你认为现在的星谷是什么呢？

李海波：时至今日，我还不清楚，但星谷走到现在，它已经从一开始的房车住宿体验式、野奢式的营地，变为研学内容的聚合体。

野鸭湖项目就叫星辰营地，它现在在做 10 个会员体系，这个会员体系中最有趣的是，我和朋友每年会主持几十场私董会。在开拓大家思维的同时，我的客户也会精准扩张，因为私董会只对我的业主开放。

业主模型是我的第二个实验。我把土地场域变成了大家一起来玩的地方。

所有房车、民宿、太空舱都不是我的，我只做好了基建，提供了服务，这些都是大家一起构建的模型。

第三个实验是，我希望把更多的业态引入营地，有点类似于Shopping Mall 的概念。营地曾经开在城里，为什么不能开在公园里？为什么不能开在山野里？我要把优质的餐饮、演出等内容集合起来。

第四个实验是，可以在营地进行教育活动。随着 ChatGPT 的出现，你会发现单纯学习知识已经没那么重要了，重要的是培养素养，包括对艺术、科学、自然的探索，这些都适合在营地内进行。所以本质上我们是一个营地教育集团。

这是当前的状态，下一步，我们也可能是一家营地美学集团。我们掌握设计的美学、服务的美学、教育的美学，成为人们心中对美的向往的集合体。未来的发展我不清楚，要往前走着看，但有一个明确的词可以概括它，即"超级链接体"。

井凉： 怎么理解超级链接体呢？

李海波： 营地就是一个超级链接体，它会链接可能存在的有趣的人、事、物。最后落地的是什么？超级链接体产生了什么，落地的就是什么。它是一个一直在变化的东西，一直会让人惊喜。

所以我一直在想，我们和传统的营地不是同一个"物种"。

短期内我们是营地，但从长期来看就不是。也有很多人质疑我们的做法，他们认为搭几个帐篷，弄块草坪维护一下就能做营地了。但我一投就是几千万元，因为我跟他们要的东西是不一样的。

开放自助、游园会，那不是我要的东西，那是浅层次的集市，我不做集市，我要做的是沉淀下来的东西。Shopping Mall 和集市是不一样的。集市可以短暂存在，但它不是我长期要的东西。

或者说，再往前走一步，我可能做一个社群，社群里包含了Shopping Mall，它还会发展，还会再往前走。

二、想象力才是核心竞争力

井凉： 怎样可以成为你的业主？

李海波： 一开始星谷的业主很简单，都是我商学院的学生和朋友。在商学院的时候，我跟大家聊过这个理念，大家认同，他们就愿意跟随你。

当时成为星谷的业主，是有极大风险的，这种风险在于我自己，我这个干互联网的人去干了关于土地的事，这件事能不能成不好说，可能不成的概率为 90%。这些人依然认同我的选择，认同我的梦想，做了第一批天使用户，所以我给天使用户的回报非常高。

2022 年营收的 40% 是给这些业主的，也就是说净利润的 80% 归业主。很多人都觉得，这一年不就是在给业主打工吗？没关系，我验证了这个方向是对的。当然也要做调整，野鸭湖星辰项目 2023 年 6 月就把比例调低了，不然也不是长久之计。

井凉： 每个业主大概投了多少钱？

李海波： 业主都是房车的业主。在星谷的时候，一辆房车 298000 元。2022 年因为整个房车的运营时间只有两个半月，7 月 1 日到 10 月 10 日，最多的分了 6 万多元，少的也有 3 万多元。如果按照全年营业 100 天来算，一年平均一个业主能获得近十万元的收益，大概率两三年能收回成本。

井凉： 新项目的业主投入也按照 298000 元来算吗？

李海波： 新项目划分为很多不同的业态。透明的太空舱成本低，一个太空舱在 20 万元左右。

房车变成了 498000 元，因为成本增加了。首先我们把原来的六驱房车变成了八驱房车，面积扩大了。其次房车带了一套环保的排污系统，不再采用原来挖排污管的方式。最后又增加了一个二层儿童空间，等于变成"车房"了。

接下来我们还做了树屋，树屋是比较便宜的，不到 10 万元，成本很低。

最贵的是院子，它是一个固定建筑，一般是 100 多平方米带前后院的房子。平均下来建设成本为四五十万元，还有一个 300 平方米的小别墅，投入为 149 万元。

这个项目包括多层级的产品，用户的选择就更多了。目前参与野鸭湖项目众筹的有 200 多个业主，各自有不同的需求，不同的产品选择。

井凉：这些都已经定下来吗？

李海波：对，等于说野鸭湖项目是一个共建共创的项目。有的人说，他要为这里贡献一间牛排店，他要在这里捐一个图书馆，联合国教科文组织的人提议，把合作艺术家的艺术画廊搬到这里来。

井凉：野鸭湖项目面积有多大？

李海波：共 69 公顷，建筑面积是 194 亩。在一个国家 4A 级湿地公园的隔壁还有 1200 亩的林地，以前这里是一个高级疗养院，后来成为首都师范大学的中国湿地保护研究中心，房子都盖好了，只需要重新设计和翻建。

我们把它分成了两块，因为周期长，投入资金太多了。研学区计划在 2023 年 7 月 1 日开业，9 月民宿区和营地开业。

井凉：原来星谷营地的面积多大？

李海波：实际上星谷加上星云，两个营地共 5100 亩，各占 2000 多亩。

因为营地周围都是山，所以营业面积并不大。30 辆房车加上 31 顶帐篷，就把所有可用面积用完了。

星谷只是打样，没法规模化。没有规模，就意味着星谷做得再好，2023 年也无法实现 2000 万元的营收，1500 万元已经是极限了。

星云营地已经开建了 10 年，就是原来的团建营地，我们把它改造成了一个亲子营地。在世界葡萄博览园里的星空营地，已经开业一年多了，有 85 辆房车、25 个别墅、41 顶帐篷，几乎是北京规模最大的营地之一了。

但是想象空间最大的还是野鸭湖的星辰营地，它有足够大的面积，可以容纳更多业态，而且业主都是各个领域的专家。

有的是戏剧行业的专家，有的是长江商学院的老师，有的是教育集团的董事长、制药集团的高管，甚至有一个业主直接承包了几十亩地，把自己的近 100 匹从西班牙进口的赛马放在这里，建了一个马场，让孩子们可以在这里学习花样赛马。

还有一个业主给我们开设了水上皮划艇比赛，他自己组织教练、组织团队。

我只有一个原则，第一年业主可以进行实验，我既不收租金，也不参与分成，共同服务客户就好。第二年如果业主的利润在 70% 以上，我参与一点点分成就行。

业态是业主的，我给提供空间，前提条件是必须让客户满意。一旦客户满意度下降，我就把业主赶走，我也不和业主分钱，钱是业主自己挣的。

很多优质的品牌方都会把优质项目放进来，如铁人三项、车王争霸赛、皮划艇赛等国家级的比赛，都会在野鸭湖所在的妫水河流域开展。因为这里有 4 千米长的水域可用于比赛，如皮划艇、龙舟、桨板比赛，想象空间是不一样的。

井凉：融资的事情，目前进展怎么样？

李海波：其实我们目前第一轮算是 Pre A 融资，远低于营地本身的价值，目前为 1 亿元，由璀璨资本领投。实际上按照每个营地的投入费用算，已经远超这个金额了，但有资本背书和进行规范化操作是一件好事。我们应该是真正意义上第一家有近 4000 万元投资的营地公司。

像星云营地本身已经开建 10 年了，最早投资是 7400 万元。星谷营地基建加上 2023 年的持续投入，现在投资已经超过 4000 万元，而且一直会追加。世界葡萄博览园的星空营地初始投资是 1100 万元，2023 年又陆续追加近千万元用于完善设施和优化环境。正在施工中的野鸭湖星辰营地，第一期建设投入已经超过 5000 万元了。

我们很快会启动第二轮融资，启动之前需要做几个动作。

第一个动作是，把真正的管理团队结构搭建出来，包括董事会、产品部、内容部、技术部。结构搭建完成后，要找足够强大的人加入。

第二个动作是，完成技术开发。最终通过技术方案赋能需求方，如景区的土地拥有方。

第三个动作是，要快速完成人才体系的构建。我手里必须有50多个可以派出的营长。营长的背后有中台系统，但他们必须会调用，必须去当地快速建立自己的团队。2022年已经训练出8个营长了，这8个人可以做每个营地的总经理，但是还不够，我需要50多个营长。

最重要的事情是，把合作样板打造出来。

星谷的成功可能是偶然，恰好遇上流量红利，恰好遇上趋势，所有这些都是偶然。

2023年把野鸭湖的星辰营地做成才是必然，它将证明这件事情是可以延续的，而且还可以升级。

一步一步走，这个市场不会明年就不见了。我坚决认为这是一个长期市场，慢慢走，不要着急，把自己的事情先做好。

井凉： 下一轮融资计划在什么时候完成？

李海波： 第一是野鸭湖星辰营地开业运营两个月之后，用数据去验证；第二是我的技术开发可以对外公开之后。一个技术，一个新案例，加上人才体系，下一轮融资就要到两年之后了。

两年之后，等我开了100家营地的时候，就用这个技术体系去管理和赋能，那么星系集团的价值就会大大提高。

井凉：这个故事听起来挺性感。

李海波：有逻辑，又有真实的案例，是可以做到的。

2022年的时候，我开玩笑地说，2023年要做4个营地，最后真的做了4个营地。每一步，都可以画个"饼"，一步一步去验证它，实现它。

井凉：现在哪些资本参与进来了？

李海波：目前有两家资本。璀璨资本在10年前投资了我最早的创业公司，我们一起投资了很多公司，参与了很多创新的过程。现在我做营地了，璀璨资本的投资一方面是背书，另一方面也是对我的支持和认同。

一般而言，璀璨资本并不投资营地这类项目，投的都是月营收在2亿~5亿元这个量级的项目，都是快上市阶段的项目，一出手就以亿元为单位。这次虽然它给我们的投资只有几千万元，但其实对它来说，只要是认同的事就一定要支持一下。

有国资背景的几个合伙股东也投资了，这对行业有非常大的促进作用，说明资本看好这个行业。

井凉：你的愿景是什么？

李海波：远期的愿景是，我一定要做一个基于户外的美学服务公司。这个美学服务，可以是帐篷，可以是房车，甚至可能是一场演出、一艘邮轮。基于这些美学服务，我把场景放在户外，因为户外是让人与人相聚的最好连接器。

之前我和贾伟带着同学们去景德镇体验了泥土里的美学，用乐烧的方式做出几个瓶瓶罐罐。这种乐烧其实是美学的一部分，李见深老师对此研究很深。李见深老师把景德镇宋代官窑里的一种做法用现代工艺呈现出来，后面我也会把乐烧引入营地。

星谷做到一定程度，我可以吸引大量有趣的人。这件事已经远远超越了休闲度假的层面，把美学、教育、顿悟时刻集中在一起。

我在乐烧这件事情上找到了顿悟时刻：当炉子打开的一瞬间，整个瓷器通体通红，让人很受触动。

最近我也在做会员体系，它是我希望2023年之内完成的最重要的事情，也为星谷的下一步沉淀。会员体系中有"太阳系八大行星谱系"，其体现出我们对露营生活的理解和梦想。每一个"行星"对应的都是一个细化的产品，如老人、孩子喜欢的产品。

"海王星"是"有趣灵魂研究所"，把不同领域但有着相同价值观的近百位跨界嘉宾定期聚在一起，让他们分享和碰撞。有申晨老师、小马宋老师、常欣老师、乾元老师等。

"天王星"是"成长陪护营"，和一系列权威的教育机构合作，推出3~6岁、7~12岁、12~18岁三阶课程，带孩子们认识自然，收获新知。

我们奉行短视主义，但也奉行长期主义，我们仰望星空、脚踏实地。短视主义指的是，我们只看今年要做好什么；长期主义指的是，有个目标就行，不贪心。想不到两年之后的样子没关系，先把现在的事做好。

前几天我的同事去上海领奖，2023年以来星谷已经拿了5个行业奖项，如黑松露奖、订单来了的最佳营地奖等。有一个奖让我非常吃惊，是亚洲酒店集团颁发的，进入名单的全是知名酒店，一般都是亚洲顶级酒店，但是我们竟然拿了年度最受欢迎新酒店奖。

刚接到这个通知的时候，我很震惊。而且主办方还和我说，2022年星谷被搜索的频率是最高的，评价也很好。

这说明我在做的这些事是对的。用户认同我，行业也会慢慢认同我，这就够了。

井凉的小结：

从 2022 年接触星谷后，我一下被它超酷的"军车露营"吸引了。海波老师从 2022 年到现在发生了很大的变化，最大的变化是他沉下来了，慢下来了。2022 年因为市场和赛道的红利，他着急扩张。2023 年完全不一样，他更稳了，更清楚地知道什么是最重要的事。

他创造了一个新的物种，一个从营地生长出来的新物种，这太有意思了。过去一年，星谷营地的成长速度超过了他的预期，与其说他在做营地，不如说他在做生活方式理念认同体系的构建，用大白话说，就是共建、共享、共赢，让更多志同道合的业主参与进来。

目前他正在筹备的星辰营地是我最期待的，里面植入了很多与太空相关的场景。这个时代，最怕懂艺术的人还懂商业，这两个东西碰撞在一起，产生的化学反应十分神奇。

有些人不看好星系集团这样的模式，我想说的是创造本身就是意义，这很有趣，也很美好。这个世界因 1% 的疯狂者更加美好，他们是带着使命来到这个世界的。

想象力是核心竞争力，这句话在星系集团的品牌中体现得淋漓尽致。

第六章

大热荒野的沉淀和思考

大热荒野是国内第一批以"精致露营"为理念而出圈的品牌，2021年获千万元融资后，发展迅速，从2020年底至今，大热荒野的模式和未来规划发生了很大的变化，如图6-1所示。

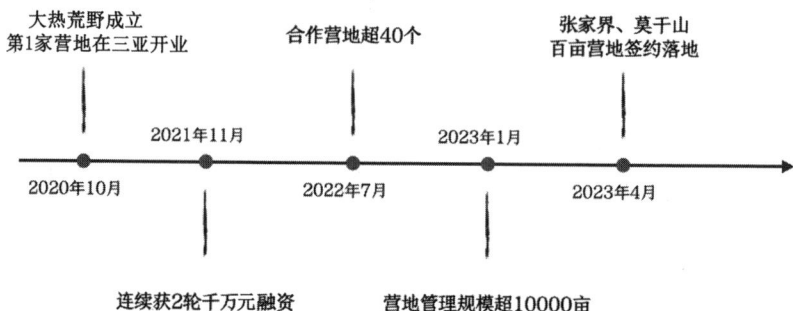

大热荒野成立
第1家营地在三亚开业　　合作营地超40个　　张家界、莫干山
百亩营地签约落地

2021年11月　　　　　　2023年1月

2020年10月　　　　　　　　2022年7月　　　　　　2023年4月

连续获2轮千万元融资　　　营地管理规模超10000亩

图6-1　大热荒野发展时间线

访谈时间：**2022年12月**

⊙访谈嘉宾：**朱显——大热荒野创始人**

一、国内精致露营的缘起

井凉：是什么样的契机，让你想进入露营行业的呢？

朱显：算是比较偶然的一个机会，我之前的团队是做出境游的，品牌叫皇包车，垂直于海外华人用车品类。突然，疫情来了，境外这条业务线基本上停了。其实在疫情之前，2019年的绝大多数时间我都在招人，因为整个皇包车的业务相对稳定了，但团队管理能力需要提升，所以我不停面试，从滴滴出行、美团、携程等大型企业挖了不少人过来。

疫情之后，我手上这批好不容易挖进来的高管团队，突然之间无事可做了。除了我挖的这些人，还有很多像去哪儿等大厂的海外业务高管都无事可做了，有些人想去开民宿，有些人想去开咖啡馆。我觉得这些优秀的人才留在市场上还挺可惜的，因此，当时我就拉着大家一起吃了顿饭，说我来投一笔钱，至于做什么目前还不确定，先出去玩一趟，看一下国内还有没有其他机会。

我们其实是先有的团队，在自驾的过程中，从北京出发，经过内蒙古，再经过中卫到青海，绕了一圈，再去新疆，然后去了西藏。沿途的风景很漂亮，过了昆仑山的崖口就是雪山，这里有蓝天白云，生态也保护得很好。

这一路上没有特别好的供给，我们只能下车拍个照片，打个卡，上个厕所，然后开车继续赶路。一路上，我买了一些凳子和桌子，因为当时根本不了解露营市场，买了这两样东西之后，就觉得后半程玩的体验感提升了。我们可以在昆仑山脚下坐一个下午，女人们在那里做一点吃的，因为当时供给还比较差，只能弄一些自热锅、小火锅涮涮肉，孩子们在昆仑山大峡谷的小溪里玩，男人们聚在一起晒太阳。我觉得那是人与自然很舒服的相处状态。

在这个过程中，装备越买越贵，我才发现原来这东西还挺好看，这才知道原来国外这个品类已经出现几十年了，非常成熟，还有上市公司。其中有一家叫 Snow Peak 的上市公司，市值在四五十亿元左右。

大家都说互联网创业最核心的点是产品，但我觉得在创业初始阶段，最大的是流量问题。Glamping 这个产品是天生有流量属性的，因为在自然风景里，产品就有 50% 的产品力是来自自然风景的。例如，把帐篷搭在可可西里，50% 是因为在可可西里搭帐篷，50% 的产品力自然风景已经帮你解决了。因此，这种非常容易产生内容的赛道，是非常适合当下的内容平台的，如小红书、抖音、微信朋友圈，信息流转的速度会非常快。

当时我也了解到日本的露营行业的整体发展情况。从 1970 年到 1980 年，日本的整个户外露营行业有一个爆发点，源于 SUV 的普及。到了 2015 年前后，第二波爆发点出现了，主要源于社交媒体的普及，当时的 Line、Facebook 让信息流转速度更快，让大家更容易感受这种新的生活方式。

再回过头来看，中国现在的吉普车、SUV 的增长速度是远远高于私家轿车的，新能源车企多以 SUV 为主力车型，它是功能性的汽车。再加上小红书、微信朋友圈、抖音等内容平台的兴起，让好的娱乐方式、生活方式更容易传播。

当时，我们觉得这个赛道处于真空期，有一定的机会。我也想过非常多的路径进入露营行业，比如像 ABC Camping、Gogogo 一样，去做装备集合店，将海外的高端品牌引入国内。当时我想过这个路径，但一开始没有走这条路线，因为装备的品类太多了，品牌也非常多。

对于普通消费者来说，不可能一开始就让他买几十样东西，凳子、桌子、锅、碗、瓢、盆、灯，东西太多了，要选择的东西也太多了。如果按照这个路线走下去，露营就会像滑雪、冲浪那样，只是小部分人的事情，不会像今天这样，大家可以拉一把克米特椅，在院子里、在绿化带中搭个小天幕，就能享受户外生活。

我当时想，如果进入露营行业，我们来采购装备，把露营体验给到用户，会不会更方便一些。因为在 2020 年年底，我国真正意义上的露营地相对比较少，可能北京有一两家，南方地区有一两家。就算用户买得起这些装备，实际会买这些装备的用户基本上都是年龄超过 35 岁的，而且基本上以家庭为单位。

2023 年，四川洪水暴发，有很多人不幸去世，其实就是因为对自然不够敬畏。中国人对户外运动其实没有太多经验。因此，要培育整体市场，需要再往前走一步，需要找一个安全的营地，提供更安全的服务，甚至在野外会不会有蚊子、会不会有烟火、会不会被晒、会不会热等一系列问题，都要提前帮用户解决。这些是用户的内心想法，虽然他不一定说出来，但是他心里面其实是有消费门槛的。因此，当时我们的前几个营地设在三亚的五星级酒店中，让用户有一个内心的考量，让他们觉得来户外不会太糟糕。另外，用户扛不住怎么办？背后是一个五星级酒店，用户还有一个退的地方，这会降低用户的进入门槛。

这个过程，最早挂在小红书的民宿板块里，当时这是一个全新的品类，需要慢慢影响平台，因为一家企业带动整个行业非常困难，需要平台的流量支持，而且小红书建立了露营板块，邀请了名人入驻小红书推广无痕露营、自然露营等。这些都是在建立用户心智，让大家觉得野外也可以很精致，也可以很惬意。

我为什么会入局露营赛道？一方面是因为人才，另一方面是因为流量，还因为这件事情是可以干 10 年甚至干 20 年的。人和自然拥有长期价值，就像很多投资人会问我：在后疫情时代，露营行业会变成什么样子？我认为，第一，我不可能每周末都带着我的儿子去国外；第二，在疫情之前，城市周边的野郊公园、溪流边等，都是年轻人周末休闲和亲子遛娃的最佳场所，能够满足人们解压的需求。整个长期价值是存在的，因此，我觉得这件事情是值得投入的。

井凉：后面的营地会往哪些城市发展？

朱显：其实我们现在对营地这部分没有特别的规划。因为现在全国各地都有非常多的项目。京津冀就以北京为代表，包括周边的石家庄市，还有东三省现在我们都在跟进。南方可能在江浙沪这些地区布局，江浙沪相对来说成熟一点，广州、深圳的整个市场空间还是比较大的。

井凉：刚刚讲到了装备集合店，后面你会做这个事情吗？

朱显：我开始的时候没选择装备集合店，第一是觉得进入门槛太高了，尤其对于普通消费者而言。

第二是觉得，到目前为止，杭州滨江也算是全国露营最"卷"

的地方了，每个月都会有一两家店开起来，可能动辄几百万元甚至上千万元的投入。但据我观察，全球露营装备集合品牌市场不太大，它不像服装行业，如Zara、H&M、Nike、Adidas那么成熟。因为市场规模小，很容易有代理权的问题，所以在代理这些品牌的时候，人们会觉得这些品牌淘宝上都有。当大家都买得到的时候，商业价值就低一些。

第三是觉得好的东西，大家都缺货，而且有大量的期货。像大白熊等好一些的品牌，你要拿货，可能需要等三四个月才能到货，在这个过程中就不太容易进行商业化。因此大热荒野目前不考虑走这条路。

井凉：据我了解，很多装备集合店其实是不挣钱的，处于亏损状态。

朱显：我觉得这是这个行业里非常重要的一环。因为这些店在推崇一种生活方式，让用户发现原来空间可以变成这样，这些工具可以这么有设计感。所以我觉得这是整个露营行业里非常重要的一环。

井凉：你觉得未来露营会呈现一个什么样的趋势？跟过去两年比会有什么变化？

朱显：在这两年的时间里，整个行业，如用户和平台，都在飞速发展。我最早担心用户不来，担心进入门槛太高，所以"大热"的英文是 Dare，是"胆敢"的意思。当时我们的 slogan 是 Try If You Dare，意思是：如果你敢的话，就来试一下，其实没有你认为的那么糟糕。我希望大家能够勇敢地踏出那一步，到自然中来。

至少在 2022 年，我们还在培育市场，包括渠道的建设，如小红书的露营板块、美团的露营板块、携程的露营板块，抖音的露营板块负责人也刚刚到岗。我们通过不停地建设渠道，来培育整体市场，把几条基础的通道先做好。大家在做这门生意时，在政策上要有指引，在渠道上面要有流量扶持，包括交易链路等。

对于普通用户来说，其实是能以更低的门槛进入露营领域的。因为 2022 年，整个中国的露营装备的增长是非常迅速的，基本上一个季度增长 300%~400%，主要是因为渠道上有大量曝光，有营地作为基础建设。供给端成熟了，营地的重点会逐步从小白的打卡体验慢慢转向为更低成本的、更个性化的体验，如搭建帐篷、露营活动等。

当地政府也开始关注露营板块了，未来两年，营地会有巨大的发展空间。我们现在已经开放了一些合作营地，有点像联营合作的模式，相当于我们在给各地的闲置土地方输出品牌，输出运营管理，帮其提炼营地的核心卖点，以及帮助其定位目标人群，如专业级的、亲子类的等。

二、大热荒野的核心竞争力

井凉：现在不只大热荒野一家在做连锁企业了，你觉得大热荒野的核心竞争力是什么？

朱显：大部分连锁企业一定是标准化的，即我告诉你应该卖什么产品，通过集中采购，统一标准，扩大产量，降低成本。

大热荒野则不太一样，因为我们踩过非常多的坑，做过城市营地，做过离城市很远的地，做过旅游目的地的地，做过文旅地产的地。每个城市的形态不太一样，有千万人口的大城市，也有小城市，像珠海才 200 万人口。

我们也在挣扎，每个营地不停调整。有的营地运营更偏向于老客户，注重复购；有些营地自然环境好，位于海边，只依靠自然风光就行了。上百万人口，甚至上千万人口的城市，可以支撑营地每个周末 15 顶或 20 顶帐篷的库存。因此，你就老老实实主打风景，就和开民宿的逻辑一样，开窗后，外面风景很好就可以了。

库存确定了之后，全年的营收就能算出来，尽可能成本优化。这个地方一年只能做到 200 万元营收，你要投几百万元还是几十万元，这就是商业逻辑。

我们也在不停梳理，去发现每一个场地的不同之处，而不是只依赖一个标准化的产品模式。我们会去挖掘这个场地真正的卖点，明确用户为什么要来，而不是因为大热荒野的牌子立在那，用户就来了。

我们会去评估每一个营地，它们都需要特殊包装。在产品准备好之后，我们再去想渠道侧，是通过抖音还是小红书做互动，怎样让更多人购买产品，这就是反推的逻辑。我们会想办法让平台提供流量支持或进行品牌合作，这样才能建立起品牌。

苏州有一个合作场地比较特殊，其本职工作是做山系服装的，并进行了细分，专做钓鱼品类的服装。和其老板聊了之后，我才知道原来中国有 1.5 亿的钓鱼爱好者，这个数据让我非常惊讶。最大的钓鱼 KOL，大概有 4000 多万名粉丝。

这个品牌想有一个营地，最好是有水池的场地，可以做一些活动，也可以跟别的营地互动。我们给的方案是这样的，去关注尾部的、中腰部的钓鱼 KOL，不用找 4000 万粉丝的 KOL。去给 10 万粉丝或 100 万粉丝的 KOL 做全年服饰定制，赞助他们钓鱼的衣服，就可以很容易地捆绑这些 KOL。这些 KOL 定期在营地里组织 100 人打个小比赛，去宣传有这样一个营地，欢迎大家来参加钓鱼活动。

大热荒野的独特之处在于，围绕户外生活方式，给大家重新梳理商业逻辑，包括背后的平台流量、运营支撑等。

井凉：大热荒野的直营营地目前有几家？

朱显：我们现在的营地类型有三种。第一种营地是我们自己投资建设的营地，我们称之为样板间营地。北京房山有一个，北京通州有一个，浙江嘉兴有一个，浙江杭州良渚附近有一个。广东地区大概有三个，如小森林、金湾等，这些是我们自己投资建设并运营的。

第二种营地属于签 3 年或签 5 年的合约场地，可以随时进场，只要流量稳定，拉着人、拉着装备就可以进场经营。这样的营地目前大概有 40 个。

第三种营地是类似于合作的、联营的营地。它有本地的运营方，我们做品牌的输出支持，包括商业化的产品设计、运营支持、本地团队搭建等。这样的营地，到现在为止估计有 20 多个。

井凉：按照现在的扩展速度，一个月会开几家？

朱显：最近速度比较快，每个月的签约数量其实不太一样，咨询的高峰期差不多一个月有40家。平均全年可能至少有200家的咨询量。相当于咨询量一个月20家左右，我们会从中挑四五家。

井凉：营地越来越大，运营压力也会越来越大。大热荒野有多个营地，你是如何管理和运营的？

朱显：运营侧会根据不同时期做调整。在早期疯狂拓展阶段，如第一年的时候，需要的是高效的人力输出，需要后台标准化，一环扣一环。采购就是采购，尽可能去优化采购供应链。

执行侧要标准化，例如，选址逻辑要标准化，流量运营要标准化，所有东西都应该是标准化的。这是因为在早期疯狂拓展阶段，不可能每个营地都是个性化的。

我们已经踩过非常多的坑了，标准化在有些营地是不受用的。因此，现在除了自建的几个营地，其他所有的营地还需要建立它自己的一套打法。它要有自己的资源，我们根据它的资源，根据它的团队建立一套打法。我们可以提供流量侧的帮助，如标准化的执行策略，其他部分都需要交到本地运营。

我们会帮场地合作方搭建团队，如新媒体人员，以及做产品、懂运营的人员，帮其培养这样的人，保证其能够持续地在本地做这些事情，这样的模式对我们来说，运营压力会小很多。

井凉：大热荒野每个营地的标配人数有相应标准吗？

朱显：没有特别的标准，主要是我们的核心人力成本会控制在全年营收的 25% 之内，这是一个相对合理的占比。例如，加盟营地跟直营营地的人数不一样，我要求它们如果一年做 100 万元的营收，人力成本一年最多为 25 万元，一个月差不多就是 2 万元。若用 2 万元能招到三个人，每人月薪最高 6500 元，若只能招到两个人，每人月薪最高 1 万元。

所有的成本是根据营收规模来衡量的。

前期营地都需要营长，在营长输出这方面，我们人力的标准化执行已经是流水线作业了，一个月合作十几家，基本上一两个月就可以往外推十几个营长，至少在装备的维护、服务细节标准化方面让大家踏实。这些营长要接待受邀的达人，教大家拍好照片，跟客人做朋友，增加复购，以及进行社群管理。用户为什么要加你的微信，为什么要进你的群，你给大家提供了什么样的服务，这些都是需要考虑的。我觉得至少到目前为止，这些团队还是比较受合作伙伴的认可的。

井凉： 在发展过程中，你有没有犯过比较大的错误？后来在发现错误时，你分析过原因吗？

朱显： 我觉得比较大的错误应该是错判了疫情形势。我们拿了两轮融资后计划开 120 家营地，马上组建了商务拓展团队，高峰期的时候有二十几个人，分散在全国各地，他们按照我们的选址标准找地，产生了高昂的人力成本。在拿下地之后，有一些地面上的问题，还牵扯一些赔付官司。

回过头来看，我会控制自建营地的数量，不需要一开始就让多个团队去看场地。

井凉： 营长的薪资待遇怎么样？

朱显： 营长的基础工资是一个月 8000 元左右，会有业绩考核。营长的薪资和整个营地的营收挂钩，我们会把营地的成本、公司的成本全部公开。假设营地这个月赚了 10 万元，不光是营长，还有团队，都会得到一定比例的奖金。

井凉： 你指的考核，有哪几个侧重点？

朱显： 做营长的培训大概有 4 个方向。

第一，营长需要有服务意识。要想知道营长的服务好不好，抓手是用户。我们会调研用户，包括线上的舆情监测，这是服务的抓手。

第二，装备的损耗。营长要了解装备的护理损耗，考核他对装备的了解程度。我们的采购团队每个月会把库存的损耗情况公布出来，如谁最好、谁在及格线、谁没及格，让大家清楚营地的损耗情况。

第三，营长的沟通能力。营长在现场一定会面临大量的场地方问题，如跟本地人、物业方的沟通，考察他是否能够在沟通过程中解决问题。沟通能力是我们比较看重的，如果所有事情都需要总部去处理，会比较滞后。

第四，团队考核。让营长下面的几个营员考核营长，他有没有帮我提升，有没有让我去承担更多的责任，你认为这个营长是不是一个好的营长。

井凉： 2023 年，你们的重心会放在哪个部分？

朱显： 我觉得现在市场渗透率还不够高。对于露营这件事情，大家不要把它当成在野外过一夜，可以把这个市场看得大一点，它其实是一个时尚户外市场。

时尚户外无处不在。

井凉：营地在每年淡季时，需不需要闭园？人员工资是怎么结算的？

朱显：这是一个数学题。你觉得闭园能降低成本，就立刻闭园。如果你觉得把人员工资降下来，通过运营能够覆盖成本，就可不闭园。

井凉：现在你的总部有多少人？

朱显：总部大概有 30 多人。我们刚在北京设立了一个办公室，2023 年会在江浙沪地区设立一个办公室，品牌中心也会移到那里。因为我们有大量的品牌合作，包括老股东投的一些新消费品及车企，它们的运营中心、品牌中心大多在杭州、上海。北京中心则会更多探索空间场景下规模化变现的逻辑。

井凉：大热荒野的回本周期为多久？

朱显：早期回本周期是非常短的。最短的时候，回本周期为 6~7 天，因为不需要做营地基建，只需要把控整个营地场景，把装备准备好，把人力成本控制好，把供应链做好，毛利率大概能控制在50%之内。因为我们第一站是在三亚，三亚当时的流量比较大，所以一直有营收。

当涉及基建时，就要开始增加投入了。我建议大家在经济实力没那么强的情况下控制成本，可以跟场地方合作，例如，对于文旅地产，整个营地基建费用相对低，但是对于民营企业，一进来先投200万元做营地，压力还是挺大的。

井凉的小结：

大热荒野看似是连锁营地品牌，其实不是，它的定位是户外生活方式品牌。2023年它的核心是做百亩的大项目，以此来提升整个行业的户外供给能力。例如，张家界的项目，需要打造50万人级别的户外露营空间解决方案；千岛湖的项目，需要打造百万人级别的户外露营空间解决方案。

我有一个感受，朱显在做更下沉的事情，这个下沉不是说去四五线城市开营地，而是让更多用户可以参与到户外露营这件事情中。如何让更多用户参与？方式之一就是把营地做大。例如，以前大热荒野的一个营地一天最多能接待300人，未来一个营地或许一天能接待10000人，量级完全不同。

第七章

不过夜露营的商业模式

CHAPTER

7

在山野，这家营地品牌从 2021 年 8 月开了第一家营地后，截至 2023 年 3 月，已经开业 28 家营地，其中 11 家直营，17 家加盟，主打不过夜露营，是江浙沪一带的头部连锁营地品牌，如图 7-1 所示。独特的场景打造使其顺利出圈，在山野与其他营地不一样的是，营地大多进行产品组合，如过夜帐篷、下午茶、烧烤等进行组合售卖，而在山野只有一个产品。因为把一个产品做到了极致，在山野逐渐成为江浙沪一带不过夜露营的标杆之一。

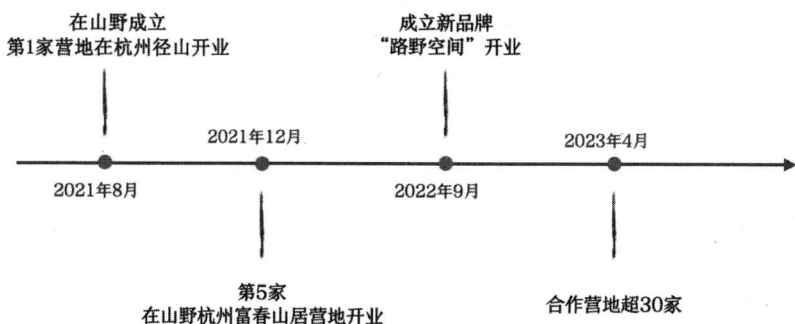

图 7-1 在山野发展时间线

在山野凭借实力和运气，把握了时代的红利，走上了超高速增长之路。我对在山野的印象是变化的，还没去在山野体验时，我身边的朋友说："在山野没有网上说的那么漂亮，现场是乱糟糟的。"

一开始我信了，直到 2022 年 5 月，我去体验了在山野杭州富春山居营地，完全改变了对它的看法。那天是周六，全场 20 多个营位全满，客单价是 398 元，一个营位 6 人起订，按照 20 个营位算的话，当天的营收至少是 47760 元。

这个营地只有 3000 平方米，非常小，但坪效很高，2022 年全年营收做到了 400 万元，投资额仅为 50 万元，这在大多数人眼中十分理想。

体验完后，我当天就和创始人说："虽然我不知道你们的定位，但以我的体验来说，我认为你们是不过夜露营主题派对的方案运营商，把这个单点持续吃透，大概率能成为营地细分领域中的头部。"

| 访谈时间：2023年3月
⊙访谈嘉宾：张于来——在山野创始人

一、一年开出 28 家踩过哪些坑

井凉：在山野的 11 家直营店分布在哪些城市？

张于来：杭州有 4 家，广州有 1 家，天津有 1 家，温州有 1 家，台州有 4 家，杭州的生意是最好的。

井凉：在这 11 家直营店中，有多少家是开业一年的？

张于来：杭州有 2 家，天津有 1 家，广州的 2023 年才开业。

井凉：在 11 家直营店里，营收最低值和最高值分别是多少？

张于来：最高的是杭州在山野径山店，一年有 550 万元，最低的是温州店，差不多 150 万元。杭州店的营收最高，杭州 3 家店加起来 2023 年营收要冲到 1300 万元。

井凉：杭州不是有 4 家店吗？

张于来：实际上还有 1 家店说是在杭州，但其实是在海宁，杭州可以辐射到它，它在杭州的东面。从实际情况来看，结果不太理想。本来我的想法是从海宁辐射到杭州，但用户就是不愿意去，后续准备通过抖音看看效果。

井凉：目前有多少家加盟营地？

张于来：17 家。

井凉：按照现在的节奏，2023 年会开到多少家？

张于来：2023 年保底可能在 40 家，能否冲到 50 家要看后面的节奏。因为我现在不图快，主要想先把加盟店的模型跑通，把整个盈利模型做得更加成熟，为加盟商提供服务内容，能够帮助其在经营过程中减轻压力。

我们现在能够解决加盟商运营中的关键问题，可以直接把产品优势复制过去的，如服务模型、运营模型、人才培训，但现在无法帮它们解决流量问题。

井凉： 当初你是怎么进入赛道的？

张于来： 我们对外是比较低调的，其实团队比较完整，我们也取得了成功。现在大家认为团队只有我跟晓敏（创始人之一）两个人，其实还有设计总监等。

我们之前以婚礼策划、活动策划为主，差不多做了 16 年，在浙江也是头部。但受疫情影响，公司运营比较困难。

后来我们考虑转型，裁员就成了很现实的问题。

我很喜欢露营，2006 年我就去全国露营了，那时以自助式的露营为主。平常我想带同事去露营，但他们都不跟我去，因为渗透率很低。

2020 年 5 月 1 日，我印象特别深，我带着家人和朋友去了周边的一个营地，人很少。2021 年 5 月 1 日，我又带家人和朋友去了同一个营地，我突然被震惊了，那天营地的车有 2000 多辆。

我看了露营的数据，数据显示 2023 年露营市场增长了大概 300%，然后我就把团队叫到一起，讨论如果要转型，要做什么样的项目。当时我说，露营肯定是一个好生意，整个市场处在上升阶段，只要做得不比别人差，就会赚钱，这在逻辑上是成立的。

我评判一个行业的标准：如果很多人都赚钱了，那么你去做大概率是可以的；如果很少有人赚钱，行业下滑，你就要去做。我觉得我们应该也是可以赚到钱的，这是选赛道的一个前提。

我已经不是创业小白了，在选项目的时候会比较慎重，会看大趋势。

露营可以承接我们原来策划设计及场景布置的优势，我们可以打造差异化优势。

井凉：你的第一家营地开在哪里？

张于来：开在杭州径山。

井凉： 经营情况怎么样？

张于来： 投资回报很好，可以说"出道即巅峰"。2021 年 5 月，我一直找不到开营地的地方，2021 年 8 月才找到。期间我只能跟员工说，做不了原来的项目了，要做露营，想做的人就留下来，不想做的人我给他们发工资然后就离职了。我把办公室退掉了，然后在杭州滨江搬进小一点的写字楼。

井凉： 在设计第一款露营产品的时候，你是怎么思考的？

张于来： 我们当时看了很多营地，合伙人晓敏一定要做一款适合女性的营地。她去营地体验了很多次，发现这些营地除了自然优势，没有其他优势，舒适性、精致度、仪式感都不够。

每次去露营，我们都会用自己的场景布置及活动内容，特别好玩，所以认为这样做肯定没有问题，当时就是这么思考的。

接下来就是找地方，那时不好找，我们也没有品牌，后来在杭州径山找了一个地方。其实我们知道这块地是会复耕的，土地属性是一般农田，但是没有办法，再不落地的话，项目就会黄，我们有那么多员工，时间上耗不起。

于是我估算了成本，发现还是可以做的，哪怕复耕了，损失也并不大，大概 20 万元的固定建筑可能带不走。

井凉：你一共投了多少钱？

张于来：40 多万元。具体营收记不太清了，从 2021 年 8 月做到了年底，在 10 月就回本了。在国庆期间，营地天天爆满。

后来 2022 年初就不让做了，还好杭州第二家营地已经谈下来了。我们知道第一家店不可能长久，必须马上落地第二家、第三家。有了第一家之后，当地的文旅局也来找我们，很认可我们。正因为有了第一家的出圈，后面找场地时就比较容易了。

井凉：第一个产品的客单价是多少？

张于来：当时是 228 元。销售跟我说营地爆满，我觉得可以涨一涨价，涨了几次后，就维持在 358 元了。

井凉：相当于 4 个月的时间从 228 元涨到 358 元。

张于来：对，这是根据市场情况调整的，因为只有一个场地，来的人比较多，有时候用户订不上，我们就试着每换一次主题，就涨一次价，4 个月差不多就涨到 300 多元了。富春山居开业之后，还是很火爆，就继续涨价了。

井凉：富春山居的客单价最高是 398 元吧？

张于来：是的，2022 年 4 月，人太多了，我说那就涨到 398 元。销售跟我说不能再涨了，有些用户在咨询的时候感觉价格有点高。

井凉：相当于基于市场需求，进行了收益管理。

张于来：对，肯定是根据市场的情况来测试价格的，价格不是我说了算，也不是销售经理说了算，而是让市场测试用户的接受度。还有一个影响因素是库存，比如接受度不高，库存少，那就做高端项目。

我要做的是 398 元 / 位的内容，让用户体验了之后觉得比较好，所以，我有几个月的时间一直在富春山居的营地，跟用户沟通，询问他们的感受。总体来说，用户觉得有点贵，但是玩了一天，还是很开心的。

2023 年，我们不做 398 元 / 位的了，以 358 元 / 位的为主，做更多内容，总体策略是不降价，把内容做好。

井凉：你开了这么多营地，印象比较深的踩过的三个坑是什么？

张于来： 我踩过的坑比较少。

第一个坑，是复耕，这在意料之中，但真的碰到时也很痛苦。

第二个坑，是人的坑。营地的隔壁村有一个人，他看我们生意好，天天来骚扰我们，找我们的营长借钱、骚扰客户，甚至还来放过火。放火的位置是一个监控死角，我们对他一点办法都没有。这是经营中的麻烦事，估计很多人会碰到这种情况。所以，我们的第二个、第三个营地，就从源头上杜绝了这个情况。

首先，选址一定要封闭，现在我们的营地都是封闭式的。其次，把这部分责任交给土地方，我们给土地方的租金很高，采用分成方式。

一般情况下租金为 10 万元左右，但用分成方式，能给场地方带来更多收入。

采用这种合作方式，后面的几个营地运营都非常顺利。我把钱分出去，这些事情就不用去管了，这些在合同中都要明确。

第三个坑，是当时我去外地开直营店，比较理想化，后来发现没有合适的人，会花很多冤枉钱。我本身是不打算做加盟的，想做直营，因为直营的利润高。因为没有合适的营长，离预期也差很远，后来就全部做加盟。

现在也有点改变了，未来可能做一个露营地的培训学校，类似于培训公司，说是加盟，其实很多时候是在教营长做露营或辅助他们做露营。

二、不过夜露营地的投资模型

井凉： 现在的单店模型，回报周期大概是多久？

张于来： 分为几类市场，比如 A 类的营地，在北上广深等地区，基本是 6000 ~ 10000 平方米的标准面积模型。这种盈利模型是最好的，营收能做到 400 万 ~ 500 万元，需 6 ~ 8 个月收回成本。

井凉： 这个模型投资额是多少？

张于来： 投资额基本为 80 万 ~ 100 万元，所有东西现在都是模型化和标准化的了。

井凉： 小一点的城市的模型是什么样的？

张于来： 像台州、桐庐这些城市，大概一年有 200 万元营收，做得差的有 100 万 ~ 150 万元营收，回本周期为一年，因为价格不高。

井凉： 一个营地的人员配置是什么样子的？

张于来： 如果不算总部，门店有 2 个人；如果当地只是一个单体门店，会加 2 个人，做线上运营和客服销售。其他产品端的问题全部由总部解决。

例如，加盟商的全职人员为 2~3 个人。小一点的营地，线上运营和客服销售都由同一个人做，有时候是两个人做。

井凉： 相当于不超过 3 个人，我是这么理解的。

张于来： 对，不超过 3 个人，生意好的时候我们就招兼职人员。

井凉： 2023 年 3 月的生意与 2022 年 3 月的有什么不同吗？

张于来： 2023 年营收比 2022 年要好，流量也多，2023 年 3 月 26 日，光杭州的 3 家直营店已经做了 100 多万元了。

井凉： 为什么 2023 年营收比 2022 年的好？

张于来： 2023 年周中的生意非常好，这是去年没有的，多了很多公司团建和商业活动。

井凉： 这几年干营地，你对这个行业的认知有没有发生变化？

张于来： 有，特别是刚开始的想法是倾向于自己做，2022 年 4 月之后，我自己下场专门做加盟。

我刚做了两三个月，就有一个大老板想投资，但是没办法投资。估值怎么算？营收又不多。估值算得少，我不太愿意；算得多，对方也不满意。所以，当时我想自己做，做个几十家。

2022 年 4 月，踩过了一些坑之后，我发现自己做不行，还是要通过加盟。现在除了加盟模式，有些业主方不想加盟，但需要指导，这时候我们就收指导费。这个模式现在也做了好多家了。因为两种模式并不矛盾，我们把产品做到极致，一个产品，10 家是用，100 家也是用，而且效率会更高。这个转变挺大的，所以现在的方向比较明确，主要是通过加盟模式和指导模式来扩大品牌影响力。

当时我想过做全产业链，如把帐篷也做了，后来打消了这个想法，因为创业前期还是要聚焦。从以往的经验来看，虽然营业额不多，但是营地数量多了，也是很厉害的，所以，我放弃了自己做帐篷的想法。

井凉： 我认为在山野在非常专注地做不过夜露营的产品，一款产品在单店里可以做到四五百万元的年营收，后面你会考虑做过夜露营的产品吗？

张于来：现在还没有把它提到议程上来，因为现在的不过夜产品还是比较受 B 端和 C 端用户喜欢的。另外，过夜产品受政策的影响较大，所以我们不着急去做过夜产品，耐心等待。先把不过夜露营做到细分领域的第一名，这是我第一步想做的。等到恰当的时候，我才会去做过夜产品。

井凉：2023 年会在哪几个城市做重点拓展？

张于来：首先我们希望加盟商能够盈利，如桐庐、衢州的加盟商。衢州的加盟商虽然比较小，但是能赚钱，它拿了我们的产品之后，在当地出圈，这是我们想看到的。

所以模型很重要，要看对方项目的情况跟我们的产品是否匹配，不匹配的话我就让他找别人合作。或者说就不要加盟了，我就给他输送点基础的东西就行了。

井凉：你对单店的面积有要求吗？

张于来：如果面积到了 100 亩，我就会分开做。我们这个产品不能全部做到 100 亩，会"死"的。做我们这个产品，10 亩地左右就够了。其他的区域先放一放也没关系，不一定要全部开发，全部开发。有时候会"死"得很快。

井凉：预计2023年营收规模大概能做到多少?

张于来：11家直营店会做到2000多万元。但是加盟商目前没有把收入并进来，我们会争取让它们做到每家200万元。加盟商的流水基本不经过总部，我们只提供采购清单和指导建议。比如装备，就给加盟商我能拿到的最低价，没有差价，它可以选择找我拿货，也可以选择自己去外面采购。

我们没有融资，都是靠自己赚的钱滚起来的，走得比较谨慎，稳中求稳。

井凉：对未来3~5年你有什么规划吗?还是说目前只看一年内?

张于来：3~5年的规划现在看不好，不知道行业会怎样发展。目前反正就一个方向，两个目标。第一，在数量上尽量在重要的区域做到100家。第二，一定要让加盟商的存活率达到90%以上。

井凉：优秀的连锁品牌，闭店率可以控制在5%以内。

张于来：对，健康值是5%以下。这个单店模型做起来的话，还是很厉害的，如果做百亩大项目的话，门店数量肯定会少很多。

井凉：比如我有 15 亩地，想加盟在山野，你可以解决哪些问题？

张于来：产品端的问题可以全部解决，如营地的设计规划。

井凉：设计规划可以做到哪一步？

张于来：有平面图、效果图，也就是你拿着这个东西就能够施工了。施工图也有，但没那么细，尺寸之类的都会有。

井凉：相当于拿着这个图就可以干活了。

张于来：对，拿着这个图就可以干活了，全部标准化。我们还会提供基建的督导，告诉你每一步该怎么做。

井凉：你会去现场吗？

张于来：之前要去，现在使用标准化模型之后，我就不用到现场了，线上就可以沟通。

另外，我们会提供每年的主题活动方案。我们做方案策划，加盟商负责执行和采购就可以，我们会把选品做好。这对于加盟商来说省了设计师的全年人工费用。

最后，我们给所有员工做培训，线上和线下结合。我们会组建一个工作群，持续地在里面输出内容，员工有什么问题就在群里反馈，我们来解决。

井凉：听上去标准化的程度已经很高了。

张于来：是的，我们现在就是往标准化的模式走，把它做到极致。

井凉的小结：

在山野是我目前见过的在近郊营地的品类中，坪效最高的品牌之一。在山野通过美陈设计破圈，很多人误认为在山野的成功就是因为美陈做得好，其实并不是。美陈只是一个切入口，是一个策略，持续成功的核心是运营端的优化和产品端的迭代。低成本高效运营，是非常重要的一个环节。

从商业角度来看，自己有造血的能力是活下去的关键。

第八章

嗨King营地的连锁化

CHAPTER

8

嗨King是我见过既低调又高调的一个连锁品牌。低调在不知不觉它已经有50多家营地了，如图8-1所示，高调在创始人崔连波的野心比较大，有想干成大事的野心。他有自己的一套闭环逻辑，每次听完他的故事，我都会产生一种疑惑：嗨King真的可以成为连锁营地的第一股吗？

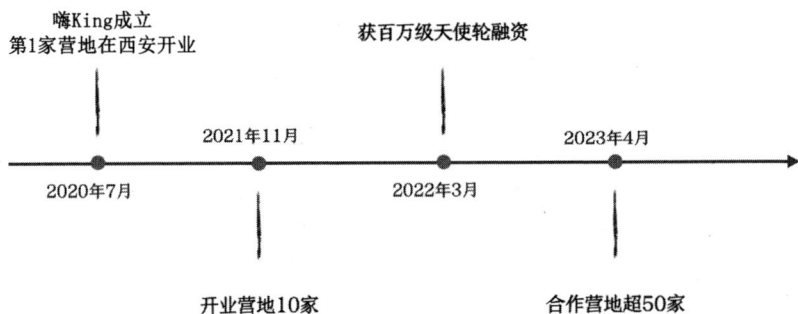

图8-1　嗨King发展时间线

｜访谈时间：2023年3月

⊙**访谈嘉宾：崔连波——嗨King创始人**

一、从微度假到独立露营产业的奔跑

井凉：现在你开了几家营地了？

崔连波：到2023年4月底，超50家了。

井凉：几家是直营的？几家是加盟的？

崔连波：直营的占一半以上，其他的都是加盟的。从控股的角度来看，现在用分公司投各个项目，总公司对每个分公司有控股权。分公司去投项目，去本地找合伙人，因为本地有合伙人的话，资源相对较多。比如有 1000 万元，用以前的方式只能做 10 个营地，现在可以投 40 个营地，而且合伙人也有干劲。

井凉：嗨 King 目前的定位是什么？

崔连波：从品牌出发，它的定位是打造家庭露营的生活方式。从公司出发，它不仅孵化了一个品牌，还会继续孵化第二个品牌，后面还会进行产业赋能，如加盟、托管等。品牌层面和公司层面是不一样的，品牌层面大多对接 C 端的消费者，公司层面更多做 B 端。现在我们要求合作方必须用嗨 King 的品牌名和运营标准，不然就不做了，因为对品牌而言没有价值。

井凉：比如我有 50 亩地，想让你们出个运营方案，费用正常付，但是我不想用嗨 King 的品牌名，这个事情你们就不做，对吧？

崔连波：对，因为我们的精力是有限的，更希望集中时间和精力做一件事，不只是赚钱，还要做更多与品牌价值和会员价值相关的事情。品牌不统一，会员也就不统一。长期来看，品牌统一，就可以使用统一的供应链、平台、店铺、产品等。

最近我们会跟抖音做一个通兑券的大场直播，做的是全国通兑券。统一的营地越多，这个券对消费者就越有价值，对加盟商也越有价值。

如果合作方不用嗨King的品牌，我们就变成了一个托管方，没有品牌价值和会员价值。有些人确实想做自己的品牌，我认为现在可以做自己的品牌，但是要做成连锁品牌，至少需要2~3年的时间。

井凉：你是什么时候做第一家营地的？

崔连波：2020年5月开始筹建，7月开了第一家营地。

井凉：当时你为什么会进入露营赛道？

崔连波：我们算是这几个连锁营地品牌里最早的一个，最初在做旅游电商，后来长线的旅游产品做不了了，我觉得周边游肯定是一个爆发点。

于是我就盘点了所有的周边游。以旅游的角度去看，当时我把周边游定义为微度假，认为微度假一定是要升级的。以前的微度假大部分是农家乐，一般包含大巴车、门票和中餐的费用，价格为99～199元。

疫情之后，旅游发生变化了，自驾车变多了，高净值的用户大多在本地消费，不太愿意坐大巴车跟团游，也不愿意去农家乐，所以，我当时考虑做民宿或小度假村。结果，周边的民宿和度假村都不如帐篷的传播属性强。

在2018年和2019年，我们做旅游产品时都会在里面加一个户外餐饮的概念，因为那时候"户外野餐"这个关键词在小红书上很火。

当时我们会在网上搜索轻奢或野奢类的营地素材，也包括国外的，看看别人是怎么做的。

井凉： 第一家营地你投了多少钱？

崔连波： 几十万元。拿下地后我们用了20个帐篷、10个天幕，第三个月就回本了，然后就租了更大的地方，追加投入80多万元。这个项目加起来投了100多万元，一年的营收做到了将近500万元。前几个直营营地投的钱都是一点一点赚出来的。

井凉：这个项目占地多少亩？

崔连波：最早的是 20 亩，后来整个农庄都给我们了，有 100 多亩。

井凉：第二家营地建在哪里？

崔连波：第二家在大连，第三家在济南，第四家在哈尔滨，第五家在南宁，第六家在昆明。当时做的时候以省会城市为主，2021年下半年才开始进入一线城市，进入北京和上海。

现在的定价标准基本都是省会城市的标准，即 798 元，一线城市为 1000 多元。

井凉：是人均 798 元吗？

崔连波：不是人均，是一顶帐篷 798 元，可以住两个人，相当于一个人 399 元。这是旅游产品的逻辑，以人为单位卖。

井凉：那时候一个人 399 元包含哪些东西？

崔连波：吃、住、玩，如烧烤、过夜帐篷，还有 CA（营地天使）露营活动。

井凉： 现在价格有调整吗？

崔连波： 基本还是这个价格。三四线城市的话可能会再降一降，大概在 290~350 元／人。一线和新一线城市，会上调至 599 元／人。

井凉： 这是不是你们的主力产品？

崔连波： 对，这是主力产品。

井凉： 你还会做哪些产品？

崔连波： 做不过夜露营，以天幕和餐饮为主，刚才说的那个产品以帐篷和餐饮为主。我们还会开发定制更多的场景类产品，经过多年积累，我们已经形成了 200 套场景定制方案。

井凉： 这两个产品的营收，哪个占比更大？

崔连波： 从销售角度看，重心基本放在了过夜产品上，所以过夜产品占比较大，不过夜产品占比较小。最早做不过夜产品的时候，客人直接租天幕和营位，自带食品，客单价只能做到 300 元，不含餐。之后进行了调整，主卖一价全包的帐篷过夜套餐。

井凉： 2020—2023 年，你对露营的理解发生了什么样的变化？

崔连波： 变化很大。第一，可能大家不想往旅游上靠，都把自己定义成生活方式提供者。第二，大家想往户外和教育上靠，就是说它不再是简单的微度假了，可能变成了一个产业。

以前它可能是一个配套产品，如景区的配套产品，但是未来它可能独立存在，以后大家就会觉得营地和景区一样。

井凉： 你印象最深的踩过的三个坑是什么？

崔连波： 第一个坑，是最早给一家公司做托管，因为以前项目都是自己投资的，会有一个财务模型。

突然那家公司不用我们投资了，那钱该怎么分呢？

因为没有托管的数据模型，我想着别人全部投钱，咱们按营收的30%给他应该是合理的，毕竟自己没有出钱。但结果这个项目做完了之后我发现，我们没赚到钱，因为最后算完账，发现这个项目的净利润只有35%。

算不清账，亏钱的可能性就很大。营地帮他干了4个月，也卖了100多万元的产品，事实上是挺赚钱的，但是按照这样的分成方式，最后一算，钱都分给他们了，我们基本没赚钱。

这也是很多人做营地时容易碰到的坑，财务模型没算清楚就干了，有可能就会亏。比如租地的费用占营收的 20%，这肯定就赚不着钱了，因为土地的成本太高了。我们现在的模型就是租地的土地成本不会超过营收的 10%，如果超了 10% 就不做。

第二个坑，是合伙人。有时候我们用联合投资的模式，不可能大家一块投资就变成一家人了，就成为股东了。对项目来讲，是成为股东了，但不占总部的股份，而占项目的股份。

占了项目的股份之后，一开始还好，时间一长，大家的理念就不一样了。因为我们有时候在总部，别人在现场，就会出现不和谐的声音。

他们不认可项目的定位，也不认可品牌定位和价值观。

遇到这样的合作伙伴，我们基本就"和平分手"了。我们把他的股权退了，变成一个不持股的模式，用另外一种方式合作，即我们给他做电商的产品分销，他自己经营自己的营地品牌。

所以，跟着公司的品牌走的才是真正的合伙人。要是每家营地、每个合伙人都有自己的想法，品牌就没法做了，也没法复制了。

第三个坑，是成本控制。2021 年我做了总部中台，当时觉得加盟应该比较好做。一做中台，就直接增加了 10 多个员工，成本很高。每个营地给中台交管理费，交管理费的营地也觉得成本高。

所以，那时候的中台实际上是无法产生价值的，我们就只能把中台的人员全部下放到营地了。

后来我进行反思，发现在规模太小的时候做中台容易亏，赚的钱都搭到中台上了，如人资、策划、电商、客服，这些都是成本。

如果 2021 年中台不亏钱的话，可以赚 300 多万元，那时候营地太火爆了，而且我们开得早。但我们把赚的钱都花到中台上了，最后一算账，中台花了 200 多万元。

现在调整完之后，虽然 2022 年的员工增加了很多，服务的营地也多了很多，但 2022 年的成本与 2021 年的成本是一样的。

二、露营地的边界和未来在哪里

井凉：如果现在有人要投资你，你会把钱花在哪里？

崔连波：我们已经开始做融资计划了，可能会投两个千万元级的营地模型，现在的盈利模型基本都是 200 万～300 万元的。我们打算在上海做一个旗舰店，用 500 万元的投资规模，做千万元级别的营收模型。

井凉：对加盟商来说，现在的单店模型是什么样的呢？

崔连波：三线城市的模型是 80 万元的投资，面积为 15 ~ 20 亩，每个月的总成本大概 5 万元，这个模型只要做到 30% 的入住率就可以盈利了，10 个月即可回本。

井凉：这个模型一年的营收能达到多少？

崔连波：能达到 180 万 ~ 200 万元的年营收，回本周期为 10 个月左右。70% 的毛利，去掉 50 万元的成本，基本就是净利了。

井凉：5 万元成本能够负担几个员工？

崔连波：6 个员工，人工费再加上一些杂费，大概占 35000 元。

井凉：你为什么选择做下沉市场？

崔连波：我的模型，最终呈现的是 30 个帐篷和 10 多顶天幕。这样做，一是比较精准，二是比较小，适合下沉市场。下沉市场不可能投 500 万元，这样的业主太少了。

投资规模 80 万元，找合作方就非常容易。现在开一个奶茶店也要 50 万 ~ 80 万元，而露营市场的回报率比奶茶店高。

井凉：你选项目有哪些标准?

崔连波：我更倾向于在景区和景区附近做营地。因为景区安全，土地合规，而且流量比单体营地大。

我们的定位很清晰，就做三四线城市的景区营地，这种类型的景区有很多。

一线城市，做旗舰店；二线城市，做合资联营；三四线城市，做加盟。

井凉：合资联营，你也控股吧?

崔连波：对，占 51% 的股份。

井凉：代运营是什么样的合作方式?

崔连波：像抖音服务商一样，我帮你卖货，你给我一个结算价。我们不仅在抖音上卖货，在全平台都卖。例如，帐篷卖 1000元，结算价为 800 元，然后我们会卖 1000 元，中间的 200 元就是代运营的费用。我们不收基础费用，就按营收分成。

这类代运营合作，我们都要挑选，要看产品好不好，不好的产品我们不卖。单体营地，如果自己配电商团队，最少需要 3 个人，美工、运营、客服，一年的工资就要 18 万元左右。

而我的团队都是固定的、现成的，无非就是增加客服人员。

井凉： 平时不出差的话，你主要在哪个城市？

崔连波： 主要在上海，总部都已经迁过去了。2023 年的目标是 1.75 亿元的营收，加盟营地争取做到 100 家。我认为 100 家才算是大规模连锁。

井凉： 现在的经营模式，最大的风险是什么？

崔连波： 实际上我们在用连锁的模式做露营，最大的风险是在连锁营地的服务过程中，用户的投诉、食品安全、人身安全等问题。单体营地大多不怕这些。

但是连锁营地达到了 100 家后就不一样了，用户会拿 1 家的标准去衡量 100 家的标准，像连锁火锅店，如果有人吃到过期的食材了，他就会觉得同品牌的其他门店也是这样的。

为什么我们现在不让营地加盟商自己去采购？就是要保证食品

安全。如果出现重大问题，在网上一发酵，后果就会很严重。

从露营的角度看，我觉得没有太多风险，因为这就是一种商业业态，是一个新兴的服务行业，只不过场景变了，内容变了。

我们的底层逻辑很明确，就是做连锁，用连锁的方式经营营地。

井凉： 未来有什么样的品牌规划？

崔连波： 2023年重点是做大规模，达到百家以上的规模之后，就会在行业中形成虹吸效应，不仅可以获得商业资源，还可以获得品牌资源、供应链资源。

1家、10家、100家，这是由不同的能力支撑的。1家营地谁都能做，10家营地努努力也可以，但100家营地是完全不一样的。

2024年，我们就不会把目标放到增加营地数量上了，按照正常的运作规律就可以了，可能会到150家或200家。重点会放在"露营+"上，那时卖的就不只是帐篷了，而是空间。

这段时间我做了很多IP，这些IP都是与别人合作的，有与瑞幸联创合作的，有与绿骑士合作的等。我们成立了合资公司，做

"露营+"各个领域的场景、服务、培训。

2024年的重点是横向做更多"露营+"的内容，不是简单加个活动，而是真正的"+项目"，深度发展。

所以，2023年的重点是扩大规模，2024年的重点是纵深发展，做更多内容。

到了2025年，可能营地数量达到了300家或500家，每个营地每年服务2万人，会员有可能突破1000万人。当会员突破1000万人时，我可以做更多事情。因此，在未来的估值中，会员的价值是最大的。会员在手里，社群在手里，这是核心。

井凉：这个故事听起来很美好。

崔连波：对，到2025年，只要达到500家营地，会员就有可能达到1000万人，如果达到这个标准，真正的价值就显现出来了。

2023年做规模，2024年做跨界。我们现在已经成立了4个公司，也控股成立了供应链公司、露营预制菜公司、电商运营公司等。

如果2023年加盟100家营地，2024年成立10个"露营+"公司，到了2025年，营地达到500家，会员达到千万级，那时就可以考虑 IPO 了。

井凉：故事形成闭环了。

崔连波：对，故事不形成闭环，是没有机会的。最近我与几个投资人在谈，他认为做了 200 家营地以后，也不可能 IPO，最多被产业吞并。因为产业想增加营收，增加流水，只能把你并到上市公司里。

但是，如果你下面的控股项目分公司形成了一个个小体系，你就变成了一个大的体系，而且你还有会员，那个时候就有机会做到 10 亿元营收，有机会 IPO。

井凉：你觉得嗨 King 的边界在哪里？

崔连波：边界可以从两个角度去看。

一是从户外场景去看，边界会很广，但是不要去做破坏环境的事情。

二是从定位和用户去看，我们是有边界的。内容可以做到无边界，但我们没有办法服务所有人。我们的服务对象以家庭用户为主，服务中国家庭。定位要清晰，不能什么都做。

井凉的小结：

从目前来看，嗨 King 是闭环程度最高的品牌之一，目标也很清晰，就是在连锁和 IPO 上布局，服务中国家庭。2023 年 2 月，我跟崔连波一起去杭州看了一家城市营地，体验完后，我问他：城市营地触达消费者的频次更高，你会不会做这个业态？他的回复非常坚定：不会，大多数城市营地的本质是餐饮，这个模型与嗨 King 的模型完全不一样。如果我要做城市营地，已有的组织能力是不匹配的，需要再去搭建新的团队，探索新的模式，成本很高。所以，我会继续深挖已有的方向，做大做强，把现在的模式吃透。

第九章

露营地的选址和研判

CHAPTER

9

众所周知，露营地选址定生死，如果选址选对了，即使其他因素不对，也有机会，因为还可以改；但如果选址选错了，其他因素越对，投入就越多，沉没成本就越大，从而陷得就越深。

我邀请了早安野宿创始人代铮老师重点介绍选址，他投资和运营着 13 家营地及露营类产品，其中 3 家帐篷酒店、3 家近郊营地、4 家城市营地、3 家露营餐厅。他擅长营地规划设计，累计规划设计国内外 30 多个露营地和帐篷酒店项目，经验非常丰富。

2023 年 2 月，营地会和代铮老师一起打磨出了行业内第一门系统性讲营地规划设计的课程"28 天营地规划设计训练营"，包含 9 堂理论课、9 堂案例拆解课和 4 堂私房直播解答课，每个案例都是代铮老师实操过的，课程中他会一步步讲解他在每个项目中是怎么进行思考和规划的。

本章选取了课程中非常重要的一节课，分享露营选址的核心要素。其中，既包括选址的影响因素，如地理位置、自然吸引物、地缘吸引物、区域竞品，以及最为关键的土地的合规性，又包括选址的方法论。

一、营地选址的4个判断依据

1.地理位置

在大的选址原则中，要先看区位的地理位置。这就等同于选商铺，要看这个商圈，这是前置条件，不需要综合考虑。例如，这里环境不错，配套设施不错，就是地理位置差一点，可不可以选这个地方？一定不能选。

地理位置有"一票否决权"，不行就是不行。

商业露营地可以分为两种类型，一种是这几年比较火的精致露营地，另一种就是早安雄库鲁这类的帐篷酒店。

精致露营地的选址原则是城市等级优先。因为精致露营地的流量池是属地化的，所以，从根本上讲是依靠城市的人口基数。

精致露营地距离城市核心区最好是1.5小时车程以内，如果超过1.5小时，它可能就变成目的地了。

同时还要离高速公路的下口尽量近，离主干道和城市主要功能区尽量远，远离污染，包括光污染、噪声污染、气味污染等。如果营地有不过夜的产品，或者自媒体导流占比比较大，就需要考虑公共交通的可达性。

如果营地类型是帐篷酒店，并且有建设用地指标，有非常强的目的地型自然吸引物，那么离主城区的车程可以延长到 3.5 小时之内。

2.自然吸引物

选址因素的第二个是自然吸引物。如果要做有指标的帐篷酒店，就必须有国家级甚至世界级的自然吸引物。例如，早安雄库鲁，有草原天路；丽江的巴格图帐篷酒店，拉开帐篷就是玉龙雪山主峰。大家耳熟能详的康藤、诺尔丹这些帐篷酒店，其实都是非常美的，一提到这些名字，基本上等同于大自然里的一张床。

对于帐篷酒店而言，排在第一位的因素就是自然吸引物，否则大家为什么要大老远来，以比五星级酒店还贵的价格去住帐篷？当然，有些人会说帐篷酒店本身是一种非标住宿，用户可能因为猎奇心理而来。但这样是很难实现复购的，所以，这类项目要尽可能促进多频次消费，明确定位。

很多营地主无法区分精致露营地和帐篷酒店。因为有些营地主，尤其是新手营地主可能会拿到成本比较低的地，甚至有些土地可能没有成本。总有人说："我这块地成本非常低，但没有好山好水，没有自然吸引物。"其实，这种土地的综合投资并不低，尤其是这些投资可能慢慢就变成了沉没成本。

在做营地的过程中，固定帐篷、房车可能准备了一大堆，但只能做周六的生意，有些营地就只能被迫运营内容，就会比较累，大概率也赚不到钱。

如果是三线以上的城市，做精致露营地与做帐篷酒店可能逻辑不一样。在地理位置好的前提下，并不需要国家级或世界级的自然吸引物，只要有山有水，有平整的、面积足够大的草坪即可，这是基础。另外，外围绿化要好，不能有过多杂乱建筑，不能有高压线。

一些非常火爆的精致露营地，可能除了有高尔夫球场质量的草坪，也没有什么特别的。在用户认知中，来精致露营地，并不是去目的地型的帐篷酒店，而是亲近自然，剩下的靠配套设施和内容。

3.地缘吸引物

自然吸引物很重要，同样重要的还有地缘吸引物。比如在迪士尼旁边开营地，到底是好事还是坏事？如果营地周边有一个能玩半天的景区，这当然是好事，但是对精致露营地来讲，这不一定是好事。

如果营地的内容、活动、功能无法支撑两天一晚或三天两晚的行程，这时候可能就需要周边的成熟景区，或其他目的地型的地缘吸引物帮忙。做好线路串联，让不同的家庭成员都有得玩，这是比较积极的导流手段。如果做好了，还能打包部分产品，获得渠道的代理收入。尤其是在营地还没有名气的时候，这样做可以建立起让用户产生联想的标签。

但遇到迪士尼这类大 IP，营地会变成这类 IP 的附属品，变成单纯的过夜工具，除非营地的产品可以支撑三天两晚甚至更长时间的行程。所以，地缘吸引物其实是一把"双刃剑"，要看客户画像的重合度。

4.区域竞品

营地选址除了地缘吸引物，还要考虑区域竞品。星巴克、肯德基都有区域选址限制，露营地其实也一样，例如，坝上的早安雄库鲁，在京北几乎没有竞品。

当然这是由多种因素决定的，例如，自然吸引物、产品样式及高客单价，这种门槛已经筛选出了不同的用户。在它周围 3~5 千米内，其实也有很多客人，如农家乐和商旅酒店的客人，但画像并不匹配。

2019 年，我们在丽江做了巴格图帐篷酒店，它的自然环境好，但与京北坝上的帐篷酒店相比，市场竞争程度是完全不一样的。

丽江有两个特点，第一它是低频次复购的目的地，第二它是线路型的目的地。诺尔丹营地作为老牌网红营地，运营得非常不错，但是几乎没有以旅游为目的、去过两次以上的客人。所以，当客户选择丽江作为目的地时，巴格图要和云南地区的十几家做得很好的帐篷酒店竞争，如松赞、康藤、云阶格兰平等。更重要的是，除了这些帐篷酒店，丽江还有 4000 多家酒店客栈，客单价 1000 元以上的大概有 1/5，2000 元以上的也有 70 多家，这些都是竞品。

如果是帐篷酒店，那么区域竞品的利害关系与前面介绍的选址原则是息息相关的。如果要做 1000 元 +、2000 元 + 的客单价，就需要世界级的自然景观。当然，你需要，别人也需要，你就要想清楚用户为什么选你。

如果是精致露营地，就比较宽泛了。以金海湖为例，如果有这种特殊的自然资源支撑，大概率就可以"躺赚"。除了这种有特殊资源支撑，能够"躺赚"的地方，可能会出现大量的营地，在其他地方，也没有不能或必须与谁做邻居的要求。

随着市场的发展，露营地呈指数级增长，仅北京一个城市就有300多家营地。尤其是越来越多连锁型露营地的资本化扩张，营地的占坑行为必然发生。例如，上海周边某湖适合露营，那么其周围将来一定会出现营地。大家要时刻留意选址区域内将来出现竞品的可能性。

二、土地政策是选址的红线

前面说的是选址方法，而土地政策是红线，也是和规划最为相关的。

土地有两种分类方式。第一种是根据土地利用现状分类，该分类于2007年发布，2017年修订，分一级12类、二级73类，耕地、林地、住宅用地属于该类中的第一级；第二种是根据土地用途分类，包括农用地、建设用地和未利用地。

基本农田、一般农田属于耕地，耕地又属于农用地。基本农田要占行政区域耕地面积的80%以上，严禁建设，严禁一切旅游开发和占地经营行为，因此，基本农田为营地选址的雷区，不能选择。

一般农田在原则上也不能用作上述经营，但是如果达到一定开发规模，政府会给一些开放政策和少量指标配比，做设施配套，开展灵活经营。所以，一般农田做营地的配套是有办法的，但不能作为经营性质住宿单元的主战场。

林地是土地利用现状分类中一级用地的一种，比较复杂，主要是看林权是国有的还是公有的。

现在的林业发展政策，如"近林不进林"，在不改变土地性质，不破坏植被的前提下，有些地方是可以多种经营的，有些政策也是允许临时性建筑申报审批的，期限是两年一报，所以，林地也不是完全不能做。

除了上面说的农用地，还有建设用地、未利用地。

如果按照土地权属划分，土地分为国有土地和集体土地，例如，集体土地分为集体建设用地和集体农用地。对应地，建设用地也分为国有建设用地和集体建设用地。

对露营地的选择来说，集体土地相对更好。二者最大的不同是，集体用地的自用部分可以用作经营，而国有土地只能从事生产建设，不能经营，所以，就等于开了前置的窗口。

如果想要国有建设用地完全合法、证照齐全，就必须立项、报批、报建、环评、可研地勘消防等，所花费的时间和成本，营地很难承受。当然，大投资体量的帐篷酒店和一些以露营为切入点的文旅项目除外。

集体建设用地，是可以直接入市的。目前，个别区域正在试点，具体要看各地政策。有的和点状供地结合，有的和乡村振兴结合，有的和宅基地异地搬迁指标置换结合。

所以，营地主最好选有配套设施的地方，选集体建设用地就可以，经过合资，就能开始筹备，会省很多功夫。

如果前面介绍的内容你弄懂了，你一定会问一个问题：集体非建设用地怎么办？因为大部分经营性的帐篷是要搭在非建设用地里的，如果你想在建设用地搭帐篷，当然行，完全合法，就看你能不能拿到这块地了。

集体非建设用地主要是集体所有的农用地和四荒地，并非每个营地主都能拿到这么多建设指标。这里探讨的是在精致露营中的合规问题。

因为集体农用地可以个体承包，所以，就有很多灵活的方式。针对集体一般农田，国家鼓励发展休闲农业、观光农业，支持乡村振兴。如果你还是不知道怎么做，最有效的办法是效仿所在区域的农场、农庄果园，看哪些是有政策扶植的，可以参照。

四荒地的承包期很长，最长不超过 50 年，大部分村镇就可以做主。属于集体的这部分也非常灵活，也可以承包给非集体经济组织成员，也就是可以承包给外村人的。总之，不会有农用地那么多经营限制，对露营地来讲，相对可行，也是未来最有可能成为政策试点的用地类别。

本章梳理了土地的用途和归属，包括几个原则：国有土地，完全合法，要立项、报规、拿指标；集体土地中经营性建设用地可以合股入市，可以办证照；集体非建设用地，比国有土地灵活，但也要看各地政策，重点关注包括四荒地在内的未利用地。

对露营地，尤其是小投资的精致露营地而言，没有哪种办法是可以完全照搬的，都要结合实际情况。

有些人可能会问：能不能告诉我这块地是什么性质的？能不能做营地？

我只能明确地告诉你，除了基本农田和生态范畴的禁地（如生态红线、水源保护地），其他都能做营地，至于怎么做，需要系统梳理。我在给农旅项目做整体咨询时发现，其民宿用的是集体经营性建设用地占股的方式，营地用的是四荒地，配套设施和观光性质的花海用的是一般农田，作物补贴基本和租金持平，投入很少，这就是一个理想的、合规的模型。

总结一下，按照帐篷营地的类型来看，第一类是帐篷酒店。在考量它的用地性质时，基本农田是绝对不可以碰的，水源保护地是不可以碰的，生态红线是不可以碰的。一般农田、林地要慎重，集体用地相对友好，四荒地、未利用地、宅基地可以根据政策合理利用。帐篷酒店类的项目投资体量相对较大，大部分项目都会考核成区域招商引资的项目。所以，如果能立项，要尽量立项，不管是用农旅的方式、田园综合体的方式，还是房车露营地的方式。当然政策也是与时俱进的，前几年田园综合体比较流行，目前乡村振兴成为重要内容。

第二类是精致露营地。大家都知道六证一照，如果没有建设指标，也不能依托有固定建筑的合作伙伴，那么拿消防证和特行证就比较困难。我之前看过一些视频，教大家精致露营地怎么拿营业执照，但指导意义并不强。

帐篷是移动式的，但配套设施就比较麻烦，要和用地性质发生关联。目前，每个地方的政策不太一样。

在考量用地合规性上，可以像刚才说的那样，立项、审批拿地，这里的拿地不是租地，而是拿指标，拿建设用地或可入市经营的集体用地。精致露营的投资相对较少，一般在 200 万元以下，如果运营得不错，一年以内基本就能回本。

目前，虽然没有一个适合所有城市的标准，但是大家都在尝试，政府层面也很支持。例如，浙江省出台了露营地分级实施标准，湖州文旅局出过一版四合一的指导意见，深圳市区下辖的城市公园设置了专门的露营区位，杭州、南京也有一些营地的试点。走的人越多，路就会越宽。

以上就是代铮老师的课程节选，涉及的土地政策会根据法规有所变化。如果想详细了解全部课程，可以搜索公众号"营地会HUI"，查看相应内容。

第十章

超级个体时代的创业准则

CHAPTER

10

创办营地会一年多以来，不管在传播量上、口碑上，还是在营收上，我都取得了一定的成果。截至 2023 年 4 月，我们的全网粉丝量突破了 15 万，各方面的增长都不错。这些成果，离不开以下几个做事原则。

一、做事，需要真诚的态度

1.内容必须有价值和差异化

在做视频时，如果要讲一个项目怎么样，一定要先去实地考察、体验，再与这个项目的老板或负责人进行深度沟通，结合自己的观点，将其展示出来。

也就是，一个视频的呈现，由 3 个部分组成：实地考察、项目的理念和自己的视角。

这就是差异化，虽然花的精力和时间更多，但是有价值，它不是在消耗你，而是在沉淀你，这将成为你的核心竞争力之一。

2.对用户要时时有反馈

我们做的露营产业社群是年费制的，坚持每个月向用户汇报一次，主要包括以下内容。

（1）上个月的成果如何？

（2）为社群用户提供了什么价值？

（3）下个月准备为用户提供什么价值？

（4）最新的思考和行动是什么？

向用户汇报已经持续 16 个月了，我认为用户愿意付费，就是一种支持、认可。而我要做的，就是对用户的这份认可负责。如何负责？给予用户确定的反馈就是核心之一。

在不确定的时代里，确定性是大家最愿意看到的，这也是给用户一份安心。

做社群，不能总想着这是自己的社群，而应该想这是大家的社群。别人为什么要进入你的社群？就是因为你提供的价值。如果你的价值不能利他，就等于没有价值。

我们这么做时发现，群里的会员很少发广告。大家有一致的价值观：对别人无用的信息，尽量少发。

为了做社群而做社群，一定会"死"得很快。因为所有的逻辑都是如何找新流量，如何变现。

幸运的是，我们热爱露营这个行业，热爱所做的事情。因为有了热爱，我们就不那么焦虑和急躁了。

3.在流量端一点一点地沉淀

虽然我们的粉丝量很少，但用户都很精准，容易变现，在线下游学时，很多来咨询的新用户，大部分是直接付费的，沟通成本很低。

我问他们为什么这么快付费，他们会说："我关注你的视频已经有一段时间了。"所以，当你的领域做得足够垂直，持续生产差异化的好内容，获得用户信任，拿出一个好产品，变现就是自然而然的结果了。

我从来不急于获得巨大流量或变现，稳定、持续、真诚地输出，才是我想要保持的状态。

好的产品是自带流量的，不是你认为的好，而是用户认为你好。

4.做事情，需要以真诚和利他为前提

每次别人找我谈合作，我第一时间是想我能为他提供什么价值。2022年8月，在与一家烧烤炉工厂合作时，我去工厂实地考

察和沟通了 3 次，然后写脚本、拍摄、推广，以及后续的服务，一直在跟进。

我是秉着"如果这个工厂是我的，我会怎么做"的心态与他们沟通的，我们一直合作到 2022 年 11 月中旬。有一天，工厂老板给我打了一个电话说："这几个月我找了多个机构，你是唯一一个让我想继续合作的，管理层在开会时全票选择你们。你出个合同，费用这边都没问题。"当时听完这句话，我真的非常感动，因为这是最实在的认可。

还有一个反面案例。

我们在 2022 年做视频的过程中，有一个视频的标题为"投资 50 万元，仅用 1 个多月时间回本"。视频发布出去后，确实吸引了很多流量，3 个平台全都爆了。这类标题是博眼球的，但是我们没有在视频中阐述成本结构，这一点是我们的失误。

视频发布后的第二天，我进行了反思：以后如果要做这类选题的视频，必须把所有成本结构讲清楚，否则，很容易误导行业新人，让他们误以为做营地可以很轻松地赚到钱。

这次事件，让我反思了很多，让我摆正了价值观，回到用户价值本身。为这个行业的发展创造价值，才是正道。

稻盛和夫的书中有一个人生公式：

人生·工作的结果 = 思维方式 × 热情 × 能力

思维方式就是价值观，能力是 0 到 100 分，热情是 0 到 100 分，但价值观是负 100 分到正 100 分，所以，价值观起决定性作用。

二、日拱一卒，是一种生活方式

1.更低成本地做同一件事情

营地会很小，小到所有的事情只有两个人在做。

在内容端，要每天看哪里有好的项目，去沟通、走访、写脚本、制作、发布。

在产品端，要思考做哪些产品可以解决用户的需求，并且这个产品是不是相对可持续的，跑通小模型后，再去磨产品，打磨细节。

在社群端，要每个月筛选优质的分享嘉宾，然后进行沟通、录制、整理、直播等。

在推广端，我们会接到一些品牌的推广需求，增加其他工作。

这么多事情，我们用两个人去完成，人效非常高。日拱一卒，就渐渐变成了我们的生活方式。2023 年，因为业务的激增，我们实在忙不过来，所以准备扩充新伙伴。

2022 年，我们的能力值大幅提升。很多朋友来拜访我的时候，每次提到团队人数都会很惊讶地表示：太不可思议了，效率这么高，我一直以为你们至少有 10 个人。

我有一个原则：要把钱花在能创造价值的事物上。如果不能创造价值，则能省就省。对于一家创业公司来讲，省下来的都是利润。

2022 年公司花钱最多的地方就是学习，学习一般分为 3 种。

（1）常规学：看书、阅读、听线上线下的课。

（2）找牛人：找比自己厉害的人交流学习。

（3）看标杆：实地考察优质的项目，多走走。

这些钱花得最值，因为这是在沉淀团队，为未来做准备。此时此刻的收入都是基于我们过去积累的资源和能力变现的，不可能"一招鲜、吃遍天"，不可能一直依靠过去的能力吃未来的饭。所以，要保持学习，有些学习上的付出不能立马兑现回报，但没关系，它一定会在将来的某个时刻起作用。我们只需种下一个好的因，让结果自然开花。

2.不忘初心，为行业创造价值

我在 2022 年立了一个目标：再写一本书。书的主题是关于品牌营销的，当时已经写了 4 万多字，但后来迟迟没有走出版流程，很大原因是，我实地看的项目更多了，是之前的 6 倍，访谈过的老板也更多了。

这个过程给了我很多启发，倒逼我进行思考。

（1）我到底想再出一本什么类型的书？

（2）它的呈现形式是什么样的？

（3）它的内容价值和维度是什么样的？

（4）它的独特之处在哪里？

这些问题的答案在不同季度去回答都会发生变化，直到现在，这本书终于面世了，目录和提纲与 2022 年拟的第一版已经完全不一样了，都是我在不断思考中完善的。

3.把自己做扎实

2022 年接触了这么多老板，我发现一个问题，大家的幸福指数普遍不高，甚至有些人已经财富自由了，却仍然感受不到幸福，原因都绕不开两个陷阱。

第一个陷阱是和别人做比较。

第二个陷阱是想证明自己。

当你始终在和别人比较时，一定会有一个比你更厉害的人出现。想证明自己，是对自己的一种执念，这个执念不仅不会帮到你，还会让你怀疑自己，让你越来越焦虑，越来越累。

2022 年，我看到了一些借鉴我们素材和文案的账号，后来就设置了视频不可下载。经过一段时间的修行后，我又恢复视频下载功能了。

因为我的内容也借鉴了很多前辈的经验，以及很多经典书，再加上个人经验。

这份改变，让我很舒服，幸福感油然而生。我更加从容了，更加包容了。把自己的东西做好，做扎实，慢慢滚雪球，就够了。

现在，人们很容易焦虑，有一个原因就是，很多网络平台传播着教你如何成功、如何赚快钱、如何在年少时期功成名就的方法。这其实不对，有些博主和自媒体这么做只是为了博取流量。

真相是，大器晚成是大多数人成功的规律。除了你自己，没有人可以定义你是否成功。每一段经历，不管结果是好是坏，都有它的价值和意义。

比起结果，更重要的是探索精神。探索意味着你在发现这个世界，在连接这个世界。当你把自己做好时，你会发现周边的人和事都是好的。当你很糟糕时，你周边的人和事大概率是糟糕的。本质上，你看到的是你自己。

很多人向往户外露营的生活方式，仅看视频就会产生憧憬，是因为露营可以疗愈自己。有人说人会被三样东西疗愈：大自然、小孩子和艺术。露营直接连接了大自然，间接连接了艺术。

后记

POSTSCRIPT

　　前段时间我去了一趟成都，在那里待了 10 天，体验了 8 个项目，深深感受到成都的内容很"卷"。

　　杭州的营地其实已经挺"卷"了，但对比杭州的营地和成都的营地，在精致度和设计上，成都完全不输；在内容上，成都甚至还略胜一筹；只是在规模和发展速度比较上，杭州更快一些。

　　第一站，我去了丸露营，感受：在营地行业，内容的质量在国内排得上前五。

　　第二站，我去了扎起城市露营餐厅，感受：是很精致、很有设计感的城市露营餐厅。

第三站，我去了荒野之国，感受：它打造了一个木屋乌托邦。

第四站，我去了阿布的若丁山营地，感受：山顶是一个世外桃源，但上山的路实在太险峻了。

第五站，我去了小绿球大地艺术营地，感受：场景布置得很有艺术气息，并且很能"打"。

第六站，我去了RGB硝斗岩野奢营地，感受：硬核的户外体验，还能看到彩虹。

第七站，我去了青普·森兮帐篷度假酒店，感受：奢华的体验。

第八站，我去了随便·森系露营餐厅，感受：坪效很高，菜品也不错。

如果你从事的工作与空间资产运营相关，在只能去一个地方的情况下，强烈推荐你去丸露营看看。

丸露营成立于2020年，是一家城市营地，离市区30分钟左右车程，我本来以为城市营地都是卖餐饮、卖场景的，它却靠提供真正的户外生活方式出圈。很难想象，一个只有20多亩的地方，居然可以打造成一个城市里的"户外乌托邦"，真正实现了多元化的户外露营。

那天我去体验，刚好赶上宠物节，现场来了 200 多位用户，门票有两种，180 元的门票含酒水畅饮；298 元的门票含食物畅吃和酒水畅饮。我以为有 200 多人愿意付费参加已经很不错了，但后来主理人跟我说，这次活动没有达到预期，之前的主题活动都有 400～500 人参加，而且一票难求。

整个营地分为两期，第一期以自然为主，业态规划中有 TP 三联帐、零食小卖部、游牧酒吧、沙滩排球、卡座式的湖边营位、宠物冥想室、DJ 区、篝火区，以及各种与自然教育相关的木屋等；第二期以建筑为主，共有 5 栋，其中 2 栋已经打造成了攀岩馆和手作馆，另外 3 栋还在规划中。

我感受很深的是，这家营地是有蓬勃生命力的，是在不断生长的，每个月都在变化。内容是丸露营的核心，它的内容质量在营地行业和我心里排得上前五。它的整个业务架构，并不只有营地，总品牌是丸美自然中心，下面有 4 大业务结构，分别是营地、营课、营会、营集。

（1）营地：以丸露营为主。

（2）营课：包括户外研习所、3 个工坊体系、丸家游学、户外年卡、"做个野孩子"营会课程等。户外研习所是针对对营地感兴趣的伙伴推出的课程；丸物工坊与户外手工相关，开发了 10 多个产品，2023 年的目标是开发出 50 个与户外相关的手作内容；丸味工坊是与食物相关的一个工坊体系，例如，在营地的青梅树下，教用户做原汁原味的青梅酒；丸美工坊提供与美学相关的内容，如摄影和设计；丸家游学是其之前的亲子品牌"丸家"，就是在这里诞生了丸露营；户外年卡是引流产品，大概卖了 100 张，价格不到 1000 元，很快就被抢完了，购卡的用户一年内可以利用周末时间来营地上 40 节与户外有关的课；"做个野孩子"营会课程，为年龄偏大的小朋友提供 5 天 4 夜的营地寒暑假课程。

（3）营会：以露营活动为主。营会属于"丸 +"活动部门，都是 95 后的小伙伴来引领的。按照一年四季，分为 4 个大活动，里面又包含很多小活动，如春游、宠物活动。夏天有两个固定节日：啤酒节、泼水节。每年元旦跨年都有焚火大会，冬天以温暖为主，焚火大会一票难求。

（4）营集：以市集的方式呈现，与品牌跨界合作。

令我欣赏的是，很多品牌列业务架构，是为了好看或为了给领导"画饼"。而丸露营的业务结构是实实在在正在落地的，每个子业务都有专项负责人，都有成本支出和营收。专职员工有 30 多人，如果只是一家营地的营收，很难养活这么多人。创始人谭天，环游过近 20 个国家，他的营地经营理念是"天人合一，道法自然"。这个启发来自德国的感官公园和巴厘岛的绿营。

谭天推崇中国文化，例如，从 2023 年开始，他已经把一些员工户外遮阳的鸭舌帽换成了东方的斗笠，把营地上的热水壶换成了中国传统热水壶，等等。打造属于中国人自己的户外露营生活方式是他的目标之一。在这个品牌身上，我看到了长期主义的知行合一，身体力行。

丸露营这个案例，也是市面上有闲置资产的老板真正要研究的。能把一个空间盘活，才是真本事。空间运营能力，是未来的核心。有些老板会说："我这里有一块地，自然环境和资源都很不错，我出钱，有没有全托管的品牌帮我来做？"听到类似的话，我是很反感的，我会反问他："你既然要找全托管的公司来做，你有没有想过，为什么挣钱的是你？"

把运营这个最核心的部分交给托管公司，存在很大问题，并且是矛盾的。如果这个项目做出成绩来，别人找到你，要把更好的项目给你，但核心运营团队不是你的，而是托管公司的，这时你是非常被动的，因为你并没有自己的产品壁垒。

如果你在成都体验完丸露营这个项目，还剩 2～3 天的时间，那么推荐你去若丁山七号营地看看。

创始人阿布是我目前见过的唯一一个做营地做了 20 年之久的人，他把所有青春都献给了这家营地，并且带动了当地 46 户村民一起打造乡村文旅，真正实现了乡村振兴。这家营地被称为"天空之城"，位于四川省甘孜藏族自治州泸定县。20 年磨一剑，阿布将做营地这件事上升到了另一种高度。

他在没水、没电甚至连路都没有的山顶找水源、通电、修路，打造了一个世外桃源，这里有治愈人的雪山，有温暖的木屋，有一群生活惬意的动物。很多人以为他是"富二代"，其实他是土生土长的农村娃。2008 年，阿布手上只有几千元存款，却异想天开地要在什么都没有的山顶做一个营地。

没办法开车上山，他就自己徒手搬运。上山一趟需要三四个小时，更别说扛着几吨重的水桶和各种器械了。花了 3 个多月的时间，若丁山营地 1.0 版本终于出来了，1.0 版本只有一个简陋的木屋。由于木屋的顶棚是用薄膜盖的，四处透风，根本没办法过夜，所以，只能作为短暂休息的地方。虽然家里人极力反对，但阿布没有放弃，他把家里的老屋抵押，凑了一笔钱，坚持在山顶盖房。

2010 年，他用砍刀、锄头、挖掘机修出了 5000 米的路，上山的时间比原来缩短了一半。解决了路的问题后，他又买了二手电线，从村里拉了十几个电线杆，给山顶通了电。最后一道难题就是水，找水源整整花了半年时间。阿布曾经 4 次找到了水源，但想了各种办法就是引不过去，终于在 2015 年的一个凌晨，他发现了一处水源，并且顺利引到了山顶。当时阿布抱着他父亲哭了，因为他无数次想过放弃。

若丁山终于从一栋极其简陋的棚房变成了 6 栋漂亮的木屋，有水、有电，有独立卫浴、厨房、大客厅、围炉，还有可爱的动物。天气好的话，还能看到日出，可惜我运气不好，但满眼的雪山已经足够治愈了。2015 年，阿布第一次给村民分红，虽然每人才 180元，但他的真诚收获了村民的支持和信任，促使当地 46 户村民一起参与乡村建设。

那一年，他遇到了人生真爱。阿布大专毕业，女生伊娜硕士毕业，两人还是异地，一个在四川省的小镇里，一个在深圳的知名企业，经历了各种艰辛，他们终于在 2020 年走到一起了。

阿布真的是一个具备了极大毅力的人，2017 年，两人的感情遇到了危机，为了挽回这份爱情，他决定把这 10 年修建若丁山营地和伊娜的故事拍成一部电影。他把这个想法告诉了很多人，在屡次被打击、被拒绝的情况下，他仍然没有放弃，终于在 2017 年 10 月 25 日碰到了伯乐，《你的世界如果没有我》这部电影以阿布为原型正式开机，在 2021 年底正式上映。

但明天和意外，不知道哪个先来。2022 年 9 月 5 日，泸定县发生了 6.8 级地震，让这个世外桃源受到重创。前段时间，我去了一趟若丁山，那里的山路仍然在重建，很险峻，车窗外就是悬崖，前方有很多石块，我一路上提心吊胆，但当住进若丁山时，瞬间感觉这一路的艰辛都是值得的。

阿布大部分时间都住在营地，地震后他重建了自己的木屋，木屋直面雪山，非常出片。陪了他 7 年的大狗看似很凶，但极其温顺。给我们做饭的管家四姨，她的笑容非常灿烂、纯粹、自然。因为山路太难走了，下山路上我的车胎爆了，阿布和他的伙伴花了 3 个多小时帮我解决问题。

当听完阿布的故事后，我发自内心地敬佩他。他用极为漫长的时间，完成了一件极其精彩的作品，并且带动了当地 46 户村民一起发展乡村文旅，共同打造一座山。他用视频带货，卖了 300 多万元的当地特产。他的故事也鼓励了很多年轻人回乡创业。

这个励志故事的主人公阿布，从来都没有想过要做多大，要做多强，却在不知不觉中活出了别人羡慕的样子，也可以说是人生真正该有的样子。

写到这里，就到本书的结尾了。

非常感谢这一路上朋友们的支持和帮助，没有他们，就没有本书的诞生。营地、露营产业才刚刚开始，现在正是各种品牌百花齐放的时代，所以更要把基本功打扎实，小步快跑。要敢于尝试，错了也没关系，试错本身就是打造一个好品牌的必经之路，谁都绕不开。比起试错的成本，错过的成本更高。

优质合作品牌

▏锅圈食汇

倡导露营新生活方式，一站式解决露营吃喝。

作为社区餐饮数字化新零售知名企业，目前锅圈食汇全国门店和线下业务已覆盖火锅、烧烤食材、饮料、一人食、即烹套餐、生鲜食品、西餐和零食八大品类，用"好吃不贵"的产品满足社区居民多种居家和露营餐饮需求。锅圈食汇的产品力可支撑露营、短途旅行等户外场景的吃喝需求，SKU 超过 700 个。全国万家门店，保证供应，及时送达。

目前，锅圈食汇已面向全国露营地，推出了极具诚意的合作方案，并匹配高势能传播营销资源，营地主可以选择营地主自建点、加盟商合作点、营地主代销点等多种合作模式。此外，合作营地主可共享锅圈食汇强大稳定的私域会员流量池，实现推广导流，还能获得锅圈食汇品牌营销资源，在销售侧和品牌侧实现高效增长。

未来，锅圈食汇还将不断拓展产品和场景边界，推出适配户外露营的产品，满足多样化的露营需求，助力消费者的美好生活，与营地主实现共赢。锅圈食汇官方服务热线：400-637-1999

| 墨轩居营地酒店帐篷

源于自然，融入自然。好的居住，从这里开始！

珠海墨轩居建筑科技有限公司作为丽日建筑科技旗下的子品牌，承载了近 30 年帐篷设计研发、生产制造、全球服务的丰富经验，从设计开发到项目落地，提供一站式营地帐篷解决方案，员工近 600 人，工厂占地面积 12 万平方米，相继在全球各地落成 500 多个户外高端野奢酒店帐篷营地。

围绕着野奢的概念，不单单突出住宿的体验感，墨轩居将产品形容成一个灵魂的栖息地，强调现代产物与大自然的融合，满足现代人追求的个人体验和自我认知的需求，打造多元化的户外野奢营地。

在产品研发上，墨轩居注重高质量、差异化与现代美学，凭借专业的技术团队与先进的设备，研发18个产品系列，近100种产品规格，在高质量发展过程中，不断为客户提供更全面、更优质的户外营地帐篷服务。全国免费咨询热线：400-688-7866

| 原宿帐篷

置于山林原野之外，宿于奢华帐篷之中，全新的露营方式，轻松舒适的酒店露营体验，让"累并快乐着"不再是露营的代名词。

浙江原宿工贸有限公司（品牌HJK.YS）是一家集设计研发、生产制造、服务销售、外贸出口、施工安装、工贸于一体的帐篷生产企业，专注于生产户外露营帐篷和大型酒店帐篷，客户营地遍布全球。

原宿注重高品质、高性价比的产品研发，凭借完善的设备、科学的工艺、扎实的技术、不间断地设计和研发个性化的产品，及时满足行业内多元化需求。原宿拥有完备的设计与生产团队，为户外营地提供个性化的酒店帐篷、轻奢帐篷的设计与服务，为客户实现各种需求，并且提供合适的方案。原宿的愿景：不断推出符合市场定位的创新产品，并且提供最合适的方案，解决营地可持续发展的问题，注重客户需求的每个细节。全国咨询电话：13867988567

博庭帐篷

义乌市博庭户外用品有限公司是一家集研发设计、定制加工、销售安装于一体的综合企业，创立于 2010 年，位于义乌市佛堂镇，生产基地占地两万多平方米，共有员工 200 多名，其中制造工人 150 名，销售后勤 60 名，拥有专业设备 50 余台。博庭的创始人李光镇致力于打造豪华露营的新企业形象，在 10 多年的洗礼中，博庭一路过关斩将，进入国际高级帐篷品牌行列，创始人的坚韧品质也逐渐得到体现。

博庭的帐篷均由海内外首席设计师独具匠心地设计，拥有 30 多个设计专利，在业内享有盛誉。博庭本着"以品质保障为中心，以品质铸造公司愿景"的原则，每款帐篷都经过工厂数次测试和试验，所有配件都构建了生产流水线，使用高端的面料及配件加工生产，因此，保证了博庭帐篷的品质和使用寿命，目前合作的营地已经达到 1500 多家。全国咨询电话：400-656-9993

| 51CAMP

51CAMP 为上市公司 51 信用卡旗下的连锁营地品牌，目前业务主要分布于长三角地区、珠三角地区和川渝地区，提供精致日营、拎包入住等多种露营业态，截至 2023 年 4 月已服务 15 万以上用户，精细化运营 30 多万粉丝量的私域流量池。

随着业务经营的实践与标准化的沉淀，51CAMP 并购野奢露营品牌 GoSafari，成立华南分部。为进一步实现全国性的规模化扩张，51CAMP 利用营地加盟和会员营地合作模式，输出成熟供应链体系和标准化营地运营管理体系，赋能商业营地，帮助营地实现从 0 到 1，共享 51CAMP 品牌和流量资源，实现利益最大化。

51CAMP 目前正在打造一款复古露营车，有燃油和增程式电车两个版本，露营车兼顾露营、旅游和日常驾驶 3 种场景。露营车作为可移动的特色住宿体验，高度匹配营地、景区等住宿升级需求和旅游租赁需求，开启露营全产业链发展新篇章。

营地加盟、会员营地合作、露营车合作咨询，联系公众号：51CAMP 营地。

｜嗨King

嗨King成立于2020年，2025年计划在全国布局300家营地，通过家庭式的设计、多元化的空间、友伴式的服务，打造家庭露营生活方式。

品牌围绕露营全产业链深耕，包含露营培训学院、预制菜供应链、装备供应链、全平台推广运营、营地托管加盟、营地规划设计、IP主题活动打造、营地产品体系打造，提供一站式服务。

营地CA是嗨King的灵魂人物，他们是一群充满无限活力的年轻人。你入住嗨King营地时，他们是迎接你的东道主；你在营地有任何疑问时，他们是活地图；你想散步、活动，孩子又无人照看时，他们是贴身管家；你想玩飞盘、露营、钓鱼、射箭时，他们是身怀绝技的专业教练。

营地活动充满创意与欢乐，对营地CA友善热情的服务产生信任，这是属于嗨King的超级战略。战略合作电话：18518648777

大热荒野

大热荒野是国内领先的露营生活品牌，成立于 2020 年，引领了国内精致露营风潮，帮助小红书、携程、美团、抖音等搭建露营板块，制定行业规范，并协助政府出台露营政策法案。目前，全国累计运营营地 50 多个，服务超 6 万用户，旗下拥有营地品牌"大热荒野"、装备品牌"DARE GLAMPING"、高端玩家俱乐部"DxClub"。大热荒野坚持"为用户带来极致的户外体验"的信念，让这种美好的生活方式持续传达出去，影响更多人。

联系公众号：大热荒野 GLAMPING